SOPHIE DUDEMAINE

LES TARTINES ET SALADES DE SOPHIE

90 RECETTES CROQUANTES

Photos : Rina Nurra
Stylisme : Virginie Martin

Éditions
de La Martinière

LA MULTIPLICATION DES PAINS

« Long comme un jour sans pain ! » Cette expression donne à elle seule l'importance qu'a toujours eu le pain à travers les siècles.

Il servait déjà d'offrande et de monnaie en Égypte plusieurs siècles avant Jésus-Christ qui, lui-même, en comprit plus tard la valeur symbolique, en multipliant les petits pains devant ses apôtres ébahis, avant de se risquer à marcher sur l'eau.

Plus loin dans l'Histoire, même si Louis XVI se risquait quelquefois à appeler tendrement Marie-Antoinette « ma Mie », ils eurent une relation difficile avec le pain et la brioche, qui finirent d'ailleurs par leur faire perdre la tête. C'est en effet à la suite d'une rumeur que l'on qualifierait aujourd'hui d'intox, que le peuple affamé se rua vers la Bastille, persuadé que le couple royal y avait entassé des tonnes de blé, les privant ainsi de leur pain quotidien. Le levain de la Révolution allait faire son œuvre !

Je pourrais sur cette histoire un peu rassise vous en faire toute une tartine, mais je crains de nous lasser très vite, vous et moi.

Alors, plus modestement, laissons faire Sophie qui a fait le choix de multiplier pour vous ces fameuses tartines de cent façons.

Sucrées et salées, sous toutes les formes, avec toutes sortes de farines, des garnitures inattendues d'ici et d'ailleurs, baguette, miche, toast ou encore biscotte, chacun trouvera une façon de se présenter à son avantage. Les deux recettes de pain perdu ne le seront pas pour tout le monde, d'autant que la tartine est reine dans l'art d'utiliser les restes.

Je sais que vous-même ne serez pas d'ailleurs en reste et saurez multiplier les variantes de mille façons.

Bon appétit !

Jacki

SOMMAIRE

INTRODUCTION

POURQUOI LES TARTINES ?

En 1985 est née une chaîne de restaurants qui fit fureur, c'était *Oh ! Poivrier*. Peut-être vous souvenez-vous de ce concept qui bâtit son succès sur le principe de grandes assiettes complètes à base de tartines de pain Poilâne. Je m'en lèche encore les babines.

Aujourd'hui, à l'heure des apéros dînatoires, des verrines ou des cuillères, qui en mettent plein la vue et qui prennent des heures à préparer, pourquoi ne pas revenir à quelque chose de plus authentique ?

En effet, quoi de plus simple qu'une tranche de pain grillée couverte de bonnes choses ? Je suis fan des tartines. Elles sont idéales pour terminer les restes et tout le monde apprécie un déjeuner ou un dîner sur le pouce.

Bien plus originale qu'un toast apéritif ou qu'une part de quiche, la tartine ne cesse d'être adulée, tant elle est gourmande et variée (apéritif, entrée, dîner, buffet, pique-nique, plateau télé, goûter, dessert express...). Craquante, chaude ou froide, on la décline à l'infini pour se régaler sans jamais se lasser.

Je fais toujours griller le pain avant de le garnir, cela apporte ce côté croustillant sous la dent que l'on aime tant. Pour gagner du temps, préparez assez tôt tous vos ingrédients, mais tartinez-les au dernier moment afin que le pain ne ramollisse pas.

Et vous constaterez que j'utilise toutes sortes de pains, et de mille formes différentes.

J'adore la baguette tradition, les pains aux fruits secs, la ciabatta, le pain au levain, le pain aux graines, le pain de seigle, le pain aux farines complètes à la meule de pierre, comme le pain Poilâne, sans oublier la brioche pour le dessert !

Vous pouvez aussi, selon votre goût, faire appel à votre imagination en remplaçant le pain par un pancake, une galette de pomme de terre, une tortilla, un pita, des biscottes, une gaufre, etc.

Un conseil : ne prenez pas un pain déjà tranché, mais coupez-le vous-même en tranches généreuses. En somme, il vous faut un pain plutôt dense, de façon à être richement couvert et assez large pour que votre belle garniture ne déborde pas sur les côtés.

Pour les personnes allergiques au gluten, voici un site complet à découvrir sur le sujet : www.pain-sans-gluten.fr

Vous trouverez aussi mes recettes de salades qui accompagneront à merveille vos réalisations.

Quoi de plus savoureux qu'une bonne tranche de pain ?

Vous le verrez, au fil de mes recettes, le pain est un support délicieux. Avec les tartines, pas de lassitude, et des repas équilibrés à coup sûr !

RECETTES

RECETTES DE BASE

PAIN MAISON

POUR 1 PAIN

500 g de farine d'épeautre ou complète

125 g de farine de seigle

125 g de farine T80

15 g de sel fin

1 sachet de 11 g de levure boulangère spécial pain

50 cl d'eau tiède

Dans le bol d'un robot avec le crochet pétrisseur (feuille), mélangez les farines avec le sel.

Dans un bol, mélangez la levure dans l'eau.

Versez le tout sur la farine puis pétrissez au robot à l'aide de la feuille pendant 4 minutes à petite vitesse puis 8 minutes sur la vitesse supérieure.

Laissez la pâte dans le bol puis posez un torchon par-dessus. Faites lever la pâte pendant environ 24 heures au frigo.

Farinez votre plan de travail et pétrissez la pâte en réalisant une boule.

Saupoudrez-la de farine.

Déposez-la dans 2 moules à cake d'environ 26 cm, ou directement en boule sur du papier sulfurisé.

Incisez la pâte à l'aide d'un couteau.

Remettez au four préchauffé à 35 °C pendant 1 heure.

Une fois bien levé, mettez le pain au four préchauffé à 230 °C pendant environ 25 minutes.

Démoulez votre pain sur une grille à l'envers et laissez-le sécher dans le four éteint.

Conservez-le plusieurs jours dans un torchon. Délicieux en tranches grillées !

LE CONSEIL DE SOPHIE

Je réalise toujours mon pain en fin de journée, cela me permet de le faire pousser durant toute la nuit dans mon four.
Vous trouverez toutes les farines en magasin bio.
Vous pouvez ajouter à la pâte des graines de tournesol, de lin, de courge…

CRACKER AUX GRAINES À PARTAGER

POUR ENVIRON 6 À 8 PERSONNES

350 g de farine avec levure incorporée

100 g de graines de lin

100 g de graines de courge

100 g de graines de tournesol

100 g de flocons d'avoine

10 cl d'huile d'olive

22 cl d'eau

Fleur de sel et poivre du moulin

Préchauffez le four à 180 °C (th. 6).

Dans un saladier, mélangez la farine avec toutes les graines et les flocons d'avoine.

Incorporez l'huile puis l'eau. Salez et poivrez.

Mélangez bien, puis étalez la pâte sur votre plan de travail entre deux feuilles de papier sulfurisé fariné.

Retirez la première feuille de papier et mettez à cuire au four environ 15 minutes jusqu'à ce que le cracker soit bien doré.

Laissez-le refroidir sur une grille puis découpez-le en morceaux au moment de servir. Ou bien laissez faire vos invités !

TUILES DE PAIN

POUR UNE TRENTAINE DE TUILES

8 cl d'eau

10 g de farine

20 g d'huile de tournesol

Sel et poivre du moulin

Dans un saladier, mettez tous les ingrédients et mélangez.

Dans une poêle chaude et sans matière grasse, versez une petite louche de pâte.

Une tuile dentelle va se former.

Décollez-la à la spatule et retirez de la poêle dès qu'elle prend une couleur dorée.

BLINIS DE MAÏS

POUR 4 PERSONNES

1 boîte de maïs de 300 g

2 œufs entiers

120 g de farine avec poudre levante incorporée

50 g de fromage râpé (emmental, comté, cheddar)

30 g de beurre doux

3 cuillerées à soupe d'huile de tournesol ou d'olive

2 cuillerées à soupe de ciboulette ciselée (fraîche ou surgelée)

Sel et poivre du moulin

Dans un saladier, mélangez les œufs avec la farine.

Incorporez le maïs égoutté, le fromage et la ciboulette.

Salez et poivrez.

Dans une poêle, faites fondre le beurre dans l'huile à feu moyen.

Faites dorer 8 blinis d'environ 10 cm, 1 minute de chaque côté, puis égouttez-les sur du papier essuie-tout. Servez chaud.

LE BONUS DE SOPHIE

Vous pouvez garnir les blinis avec 2 avocats, 1 tomate, quelques feuilles de salade et de la vinaigrette.

PANCAKES AUX HERBES

POUR 4 PERSONNES

130 g de farine avec levure incorporée

13 cl de lait demi-écrémé

3 cuillerées à soupe d'herbes ciselées (persil, coriandre, ciboulette...)

1 œuf

½ cuillerée à café de curcuma ou de paprika

30 g de beurre fondu

20 g de beurre

Sel et poivre du moulin

Dans un saladier, mélangez la farine avec le lait, les herbes, le sel et le poivre.

Dans un bol, mélangez l'œuf avec le curcuma et les 30 g de beurre fondu.

Mélangez les 2 préparations.

Faites chauffer une poêle à feu moyen avec une noix de beurre.

Lorsque le beurre est fondu, versez une louche de pâte.

Laissez cuire 3 minutes de chaque côté.

Dégustez les pancakes tièdes.

GAUFRES SALÉES AUX POMMES DE TERRE

POUR ENVIRON 15 GAUFRES

350 g de pommes de terre à purée Bintje

150 g d'emmental râpé

250 g de farine

2 œufs entiers

50 g de beurre demi-sel fondu

25 cl de lait

25 cl d'eau

4 cuillerées à soupe de ciboulette ciselée

Sel et poivre du moulin

Épluchez les pommes de terre, puis faites-les cuire à l'eau comme pour réaliser une purée.

Égouttez-les puis écrasez-les à l'aide d'une fourchette.

Séparez les blancs des jaunes d'œufs.

Mélangez la farine, les jaunes d'œufs, le beurre fondu ainsi que le lait et l'eau préalablement chauffés jusqu'à l'obtention d'une pâte homogène.

Incorporez l'emmental, l'écrasée de pommes de terre, du poivre et la ciboulette.

Montez les blancs en neige et incorporez-les au mélange.

Faites chauffer votre appareil à gaufres et faites-les cuire.

À partir de ces gaufres, réalisez la recette de votre choix en tartines ou pour l'apéritif :

- Crème fraîche, saumon fumé, radis, ciboulette, citron
- Avocat, saumon fumé, tomate
- Chèvre frais, asperges, jambon cru
- Jambon, comté, œuf sur le plat…

PAIN D'ÉPICE

POUR UN MOULE À CAKE DE 26 CM

320 g de miel liquide toutes fleurs ou acacia

14 cl de lait demi-écrémé

120 g de beurre doux fondu noisette

300 g de farine T55

2 cuillerées à café de mélange d'épices pour pain d'épice

14 g de bicarbonate de soude

100 g de vergeoise blonde

Préchauffez le four à 160 °C (th. 5-6).

Dans une casserole, faites chauffer le miel à feu doux.

Dans un saladier, mélangez le miel avec le lait.

Incorporez le beurre, puis la farine, les épices et le bicarbonate. Ajoutez la vergeoise et mélangez bien.

Versez le tout dans un moule à cake graissé d'environ 26 cm.

Mettez au four pendant 1 heure.

À la sortie du four, démoulez et laissez refroidir sur une grille.

Conservez le pain d'épice à température ambiante enveloppé d'un papier d'aluminium ou d'un torchon pour le garder bien moelleux.

PETITES CRÊPES MILLE TROUS

POUR ENVIRON 20 CRÊPES

30 cl d'eau

1 cuillerée à café de sucre roux

1 cuillerée à café bombée de levure de boulanger déshydratée

200 g de semoule de blé ultrafine (blanche ou complète)

½ cuillerée à café de sel

Dans une casserole, faites tiédir l'eau sans la faire bouillir.

Dans un bol, mélangez le sucre avec la levure, puis incorporez 5 cl d'eau tiède, sans remuer.

Couvrez et laissez reposer environ 20 minutes, dans une pièce chaude ou sur un radiateur, jusqu'à ce que la préparation gonfle et mousse.

Dans le bol d'un robot, mettez la semoule et le sel. Versez le reste de l'eau tiède, puis la préparation mousseuse. Mélangez pendant 3 minutes et laissez reposer au chaud environ 1 heure.

Dans une crêpière chaude et huilée, versez de petites louches de pâte. Baissez le feu et laissez cuire quelques minutes les crêpes, jusqu'à ce que la surface soit prise et couverte de petits trous, sans les retourner.

Dégustez aussitôt.

Si vous n'utilisez pas toute la pâte, mettez-la dans une bouteille ou une boîte au congélateur, pour plus tard.

TUC®

POUR 12 TUC®

200 g de farine avec levure incorporée

1 œuf

6 cuillerées à soupe d'huile d'olive

4 cuillerées à soupe d'eau

Fleur de sel et poivre du moulin

Préchauffez le four à 180 °C (th. 6).

Dans un saladier, mélangez tous les ingrédients. Salez et poivrez.

Sur un plan de table fariné, étalez la pâte en rectangle, puis découpez 12 rectangles comme les Tuc®.

Découpez les coins de chaque Tuc®, puis piquez-les de façon régulière à l'aide d'une pique à brochette.

Mettez à cuire au four pendant 10 à 15 minutes, jusqu'à ce que les Tuc® soient dorés.

Laissez refroidir sur une grille.

APÉRO / ENTRÉE

PAIN PERDU FAÇON CROQUE-MONSIEUR

POUR 2 PERSONNES

6 tranches de pain de mie

3 œufs entiers

20 cl de lait demi-écrémé

4 tranches de jambon blanc

4 tranches d'emmental

1 cuillerée à soupe de mayonnaise

1 cuillerée à café de moutarde forte ou autre

20 g de beurre doux

1 cuillerée à soupe d'huile de tournesol

Sel et poivre du moulin

Dans un bol, mélangez la mayonnaise avec la moutarde.

Dans un saladier, mélangez les œufs avec le lait.
Salez et poivrez.

Pour chaque croque-monsieur, étalez sur le plan de travail 3 tranches de pain.

Badigeonnez la première tranche avec la préparation mayo, puis recouvrez-la d'une tranche de jambon puis de fromage.

Sur la seconde tranche, répétez la même opération.

Assemblez toutes les tranches, puis réalisez la même opération pour l'autre sandwich.

Trempez bien les croque-monsieur dans la préparation œuf-lait des deux côtés, puis égouttez-les sur une assiette.

Dans une poêle, faites dorer dans le beurre et l'huile les croque-monsieur pendant 3 minutes de chaque côté.

Dégustez aussitôt accompagné d'une salade verte.

CANAPÉS DE POMMES DE TERRE

POUR 6 PERSONNES

10 pommes de terre roseval

1 boîte d'œufs de lump ou de caviar

1 boîte d'œufs de saumon ou 150 g de saumon fumé

100 g de tranches de foie gras

6 crevettes roses ou 50 g de harengs fumés

Billes de citron, segments de citron et aneth pour la déco

Dans une casserole d'eau salée, faites cuire les pommes de terre lavées mais non épluchées, pendant 20 minutes.

Égouttez-les et passez-les sous l'eau froide pour les rafraîchir.

Coupez les pommes de terre en tranches d'environ 1 cm d'épaisseur.

Posez les différentes garnitures choisies sur les lamelles de pommes de terre et décorez de billes de citron, de segments de citron et de brins d'aneth.

Spécial
Fumé

CRACKERS À LA TRUITE FUMÉE ET POMME VERTE

POUR 6 PERSONNES

6 tranches de truite fumée

1 pomme verte granny-smith

6 crackers

150 g de crème fraîche épaisse à 40 % de M.G.

2 cuillerées à café de moutarde forte

Poivre du moulin

6 brins d'aneth pour la déco

Dans un bol, mélangez la crème fraîche avec la moutarde.

Coupez la pomme en deux et retirez le cœur. Coupez-la en 24 tranches.

Étalez un peu de crème à la moutarde sur les crackers puis répartissez la truite fumée découpée en lamelles, ainsi que les tranches de pomme.

Poivrez, décorez de brins d'aneth et dégustez aussitôt.

CAVIAR D'AUBERGINES

POUR 4 PERSONNES

2 aubergines

1 gousse d'ail hachée

Le jus de 1 citron

8 cuillerées à soupe d'huile d'olive

2 cuillerées à soupe de graines de sésame

3 cuillerées à soupe de persil haché

Gressins

Lavez et essuyez les aubergines.

Coupez le bout de chaque aubergine et piquez-les en plusieurs endroits avec une brochette.

Enveloppez-les chacune dans du papier absorbant.

Faites-les cuire au micro-ondes, puissance maximale, pendant 5 minutes, en les retournant à mi-cuisson.

Laissez-les ensuite reposer à couvert pendant 5 minutes.

Coupez en deux les aubergines dans le sens de la longueur puis, à l'aide d'une cuillère, prélevez la chair.

Dans un bol, mélangez la chair des aubergines avec l'huile d'olive, le jus de citron, l'ail, le persil et les graines de sésame.

Salez et poivrez.

Mettez au frigo jusqu'au moment de servir.

Servez avec des gressins.

LE CONSEIL DE SOPHIE

Ce caviar d'aubergines est idéal aussi pour un fond de quiche.

TAPENADE À L'ORANGE

POUR 4 À 6 PERSONNES

125 g d'olives noires dénoyautées (+ pour la déco)

2 anchois non salés, marinés au tournesol

10 feuilles de basilic (+ pour la déco)

1 cuillerée à soupe de câpres égouttées (+ pour la déco)

Le jus de ½ citron jaune

3 gouttes de Tabasco® (facultatif)

3 cuillerées à soupe d'huile d'olive

Poivre du moulin

POUR LA DÉCORATION

1 orange

Mini-crackers

Dans un robot, mixez tous les ingrédients.

Mettez-les au frigo jusqu'au moment de servir.

Préchauffez le four à 210 °C (th. 7).

Pelez l'orange à vif, puis réalisez des suprêmes.

Au moment de servir, tartinez les mini-crackers avec la tapenade, puis décorez de suprêmes d'orange, de feuilles de basilic, d'éclats d'olives et de câpres.

LE CONSEIL DE SOPHIE

Pour faire des suprêmes d'orange, on enlève la peau de l'orange à l'aide d'un couteau, on coupe entre les filaments, en pointe, pour aller chercher les morceaux de chair. Il est important d'enlever toutes les membranes afin de n'avoir plus que la pulpe.

LE BONUS DE SOPHIE

Réalisez des croûtons à l'ail pour accompagner cette tapenade, avec ¼ ou ½ baguette, 1 gousse d'ail pelée et entière, et 3 cuillerées à soupe d'huile d'olive. Coupez le pain en biseau de manière à faire des tranches d'environ 17 cm de long et 3 cm d'épaisseur. Frottez-les avec la gousse d'ail, puis badigeonnez-les d'huile d'olive. Faites-les griller au four pendant environ 5 minutes.

CRÈME DE CHÈVRE AUX GRAINES DE GRENADE

POUR 6 PERSONNES

150 g de chèvre frais

25 g de ricotta

50 g de graines de grenade

3 cuillerées à soupe de ciboulette ciselée

2 cuillerées à soupe de miel liquide

1 cuillerée à soupe de vinaigre balsamique blanc ou de vin blanc

Petites crêpes mille trous (voir p. 32)

Sel et poivre du moulin

Dans un bol, mélangez le chèvre avec la ricotta. Salez et poivrez.

Répartissez le tout dans un plat creux.

Parsemez de graines de grenade et de ciboulette.

Couvrez et mettez au frigo.

Au moment de servir, dans un bol, mélangez le miel avec le vinaigre, puis versez le tout sur la préparation.

Servez accompagné de petites crêpes mille trous.

MOUSSE AUX DEUX SAUMONS

POUR 6 PERSONNES

240 g de tranches de saumon fumé

340 g de filet de saumon sans arêtes, cuit

400 g de crème Philadelphia®

4 petits oignons botte avec le vert, émincés

3 cuillerées à soupe d'aneth ciselé + quelques brins

6 crackers aux graines

6 petits quartiers de citron

Sel et poivre du moulin

Dans le bol d'un robot, mixez 30 secondes la moitié du saumon frais, cuit, avec la moitié du saumon fumé et la crème Philadelphia® ; ne mixez pas trop, il doit rester des morceaux. Salez et poivrez.

Incorporez la moitié de l'aneth, les oignons et le reste du poisson coupé en morceaux.

Couvrez d'un papier film alimentaire et mettez au frigo minimum 2 heures, jusqu'à 2 jours.

Servez la mousse saupoudrée d'aneth, accompagnée des crackers et de quartiers de citron.

LE CONSEIL DE SOPHIE

Vous pouvez également servir cette mousse avec des bagels toastés.

HOUMOUS AUX POIVRONS ROUGES

POUR 4 PERSONNES

1 boîte de 410 g de pois chiches, égouttés

1 gousse d'ail hachée

2 morceaux de poivrons rouges égouttés en bocal (60 g)

1 cuillerée à soupe de jus de citron jaune

2 cuillerées à soupe d'huile d'olive

½ cuillerée à café de piment d'Espelette (facultatif)

Sel

Crackers ou toasts, pour servir

Dans le bol d'un robot, mixez les poivrons avec tous les autres ingrédients.

Goûtez et rectifiez l'assaisonnement si nécessaire.

Servez accompagné de crackers ou de toasts.

KTIPITI

POUR 6 PERSONNES

125 g de feta

2 yaourts grecs

1 poivron rouge

1 gousse d'ail hachée

2 cuillerées à soupe d'huile d'olive

1 cuillerée à café de paprika

20 g de pignons de pin

Sel et poivre du moulin

Dans une poêle antiadhésive, faites griller à feu vif et sans matière grasse les pignons de pin. Attention, cela va très vite !

Avec un épluche-tomate, pelez le poivron. Épépinez-le et coupez-le en petits dés.

Dans un bol, écrasez la feta. Ajoutez les yaourts, l'huile d'olive, l'ail, les pignons de pin, les dés de poivron et le paprika. Salez, poivrez et mélangez.

Mettez au frais jusqu'au moment de servir.

Servez accompagné de toasts.

LE CONSEIL DE SOPHIE

Si vous n'avez pas d'épluche-tomate, vous pouvez passer le poivron au four à 180 °C pendant 30 à 40 minutes pour faciliter l'épluchage.

AUMÔNIÈRES DE JAMBON AUX POIRES

POUR 6 PERSONNES

9 fines tranches de jambon de Parme (180 g)

1 poire

80 g de tomme de Savoie

2 cuillerées à soupe de sucre

18 longs brins de ciboulette

3 cuillerées à soupe de vinaigre balsamique

Poivre du moulin

6 toasts ou biscottes

Quelques brins de cerfeuil

Dans une casserole, portez à frémissement le vinaigre et le sucre.

Ajoutez la poire coupée en petits dés, poivrez et laissez mijoter à feu doux pendant 10 minutes. Laissez refroidir.

Étalez les tranches de jambon de Parme, retirez le gras et coupez-les en deux.

Coupez en dés la tomme et répartissez-les au centre des tranches de jambon.

Nouez les tranches en aumônières avec les brins de ciboulette.

Sur un toast, déposez les dés de poire, puis l'aumônière.

Décorez de brins de cerfeuil.

TARTINES LARDONS LA VACHE QUI RIT®

POUR 6 PERSONNES

100 g d'allumettes de lardons nature ou fumés

1 blanc de poireau (120 g)

10 portions de La vache qui rit® (160 g)

10 cl de vin blanc

2 cuillerées à soupe d'huile d'olive

Sel et poivre du moulin

Lavez et émincez le blanc de poireau.

Dans une poêle antiadhésive, faites-le revenir avec les allumettes de lardons à feu moyen dans l'huile pendant 15 minutes en remuant de temps en temps.

Salez et poivrez.

Dans une casserole, faites fondre le fromage avec le vin blanc et mélangez.

À l'aide d'un hachoir, mixez les poireaux et les lardons avec le fromage fondu au vin, pendant 30 secondes.

Mettez au frigo au moins 1 heure.

Servez accompagné de toasts ou de crackers.

RILLETTES DE CRABE AUX ARTICHAUTS

POUR 6 PERSONNES

400 g de chair de crabe en morceaux

2 échalotes émincées

200 g de mayonnaise

3 cuillerées à soupe de ciboulette ciselée

100 g de fonds d'artichauts en conserve

1 cuillerée à café de paprika

Le jus de 1 citron vert

Sel et poivre du moulin

Toasts pour servir

Dans un saladier, mettez tous les ingrédients et écrasez-les grossièrement à la fourchette.

Salez, poivrez, goûtez et rectifiez l'assaisonnement si nécessaire.

Servez avec des toasts.

CROSTINI AVOCAT, PETITS POIS, CREVETTES

POUR 6 PERSONNES

12 petites crevettes roses cuites décortiquées

1 avocat mûr

1 gousse d'ail hachée

1 boîte de petits pois de 280 g net

Le jus de 1 citron vert

2 cuillerées à soupe de coriandre ciselée

Toasts

Sel et poivre du moulin

Égouttez les petits pois.

Coupez l'avocat en deux, dénoyautez-le et retirez la chair, grâce à un coupe-avocat.

À l'aide d'un robot hachoir, mixez tous les ingrédients sauf les crevettes et les toasts.

Salez et poivrez.

Servez accompagné des crevettes et de toasts, et décorez de coriandre.

TERRINE DE FOIE GRAS AU VIN DE NOIX ET PRUNEAUX

POUR 1 TERRINE DE 600 G

1 foie gras cru de canard déveiné de 500 g

50 g de pruneaux dénoyautés et émincés finement

50 g d'abricots moelleux émincés finement

5 cl de vin de noix

6 l d'eau

1 cuillerée à café rase de sel fin

10 tours de moulin à poivre

Mini-pains aux raisins

Séparez les deux lobes du foie gras. Mettez-les dans un saladier.

Dans un bol, faites fondre le sel et le poivre dans le vin de noix. Versez sur le foie gras et mélangez délicatement.

Dans une terrine, mettez le plus grand lobe face contre fond. Tassez-le. Répartissez tous les pruneaux et abricots moelleux, puis superposez les autres morceaux de foie gras en les tassant bien avec les doigts afin de chasser l'air et de combler les vides.

Emballez la terrine avec du film alimentaire de façon parfaitement hermétique et en chassant l'air (l'eau ne doit pas rentrer !).

Faites bouillir à couvert 6 litres d'eau pour une terrine de 600 g, 5 litres d'eau pour une terrine de 500 g, 4 litres d'eau pour une terrine de 400 g… J'utilise ma Cocotte-Minute® en guise de marmite, c'est parfait !

Dès l'ébullition, enlevez le couvercle, plongez la terrine dans l'eau, remettez le couvercle et éteignez le feu. Laissez tranquillement refroidir l'eau puis sortez la terrine, essuyez-la et mettez-la au frigo pendant au minimum 48 heures (vous pouvez la laisser une semaine).

Servez avec des tranches de pain aux raisins.

LE CONSEIL DE SOPHIE

Attention, le foie gras doit être sorti suffisamment à l'avance pour que l'on puisse le travailler comme de la pâte à modeler. Il est important de faire fondre le sel et le poivre dans l'alcool, l'assaisonnement est ainsi réparti de manière optimale. Demandez à votre volailler de déveiner le foie gras. On trouve également chez Picard® un bon foie gras déveiné. À vous de choisir ! Si la terrine remonte dans l'eau (l'air n'a pas été assez chassé), posez un poids sur le dessus.

ŒUFS BÉNÉDICTINE AU SAUMON, SAUCE HOLLANDAISE

POUR 4 PERSONNES

4 œufs entiers + 3 jaunes

120 g de beurre

4 tranches de saumon fumé (150 g)

4 tranches de pain de mie sans croûte, blinis ou muffins

4 cuillerées à soupe de vinaigre blanc

1 cuillerée à café de jus de citron

Sel et poivre du moulin

4 brins de cerfeuil pour la déco

Remplissez une casserole d'eau avec deux cuillerées à soupe de vinaigre et portez l'eau à frémissement.

Procédez œuf par œuf. Commencez par casser un œuf entier dans une tasse que vous approchez de la surface de l'eau. Faites pivoter la tasse d'un coup sec afin que le blanc tombe en même temps que le jaune. Durant la cuisson, rabattez délicatement les filaments de blanc sur l'œuf à l'aide d'une écumoire. Laissez cuire pendant 3 minutes. Égouttez l'œuf sur du papier absorbant. Répétez l'opération avec les trois autres œufs entiers.

Dans une casserole, mettez deux cuillerées à soupe d'eau, deux cuillerées à soupe de vinaigre et un peu de poivre. Laissez réduire de moitié à feu moyen pendant 1 minute. Laissez refroidir.

Incorporez les jaunes d'œufs au fouet et posez la casserole dans une autre casserole d'eau frémissante plus grande (au bain-marie). Fouettez le mélange pendant 3 minutes pour qu'il épaississe et devienne crémeux. Retirez le récipient du feu puis incorporez peu à peu le beurre coupé en petits morceaux. Versez le jus de citron, goûtez et rectifiez l'assaisonnement si nécessaire. Transvasez la sauce dans une bouteille Thermos® pour la garder au chaud.

Préchauffez le four à 180 °C (th. 6).

Faites griller les tranches de pain de mie puis placez-les dans un plat allant au four.

Répartissez sur chaque pain de mie une tranche de saumon fumé, un œuf poché puis nappez de sauce.

Mettez au four pendant 2 minutes.

Décorez de cerfeuil et servez aussitôt.

SALADE D'ENDIVES AU PAMPLEMOUSSE

POUR 6 PERSONNES

4 endives

2 pamplemousses roses

Le jus de ½ citron

3 cuillerées à soupe de ciboulette ciselée

50 g de noix de cajou

25 cl de crème de soja cuisine

1 cuillerée à café de moutarde forte

Sel et poivre du moulin

Pelez les pamplemousses à vif et retirez les quartiers.

Enlevez les feuilles extérieures des endives si elles sont sales ou abîmées, retirez le petit cône central dur et amer, et effeuillez-les.

Dans un bol, mélangez la moutarde avec la crème de soja, la ciboulette et le jus de citron. Salez et poivrez.

Sur chaque assiette, répartissez en rosace les feuilles d'endive et les quartiers de pamplemousse.

Parsemez de noix de cajou et arrosez de sauce.

Décorez de ciboulette.

SALADE AUX CHAMPIGNONS

POUR 6 PERSONNES

300 g de petits champignons de Paris

1 laitue lavée ou 3 sucrines

3 cuillerées à soupe de persil haché

300 g d'emmental

1 cuillerée à soupe de mayonnaise

1 cuillerée à soupe de vinaigre de vin

3 cuillerées à soupe d'huile d'olive

Sel et poivre du moulin

Lavez les champignons, retirez le pied terreux et coupez-les en deux.

Coupez l'emmental en morceaux.

Dans un saladier, mélangez la mayonnaise, le vinaigre, l'huile et le persil. Salez et poivrez.

Ajoutez la salade, les champignons et l'emmental. Mélangez.

Goûtez et rectifiez l'assaisonnement si nécessaire. Servez.

VEGGIE

TARTINES GRATINÉES À L'AUBERGINE ET AU CHÈVRE

POUR 4 PERSONNES

4 tranches de pain grillées

2 aubergines pelées et coupées en morceaux

1 oignon émincé

2 gousses d'ail hachées

1 petit pot de tapenade noire

1 bûche de chèvre cendré fermier coupée en rondelles

3 cuillerées à soupe d'huile d'olive

QS de thym frais ou d'herbes de Provence

Sel et poivre du moulin

Dans une sauteuse, faites revenir dans l'huile à feu moyen les aubergines avec l'oignon, l'ail, le thym, du sel et du poivre pendant environ 15 minutes.

Préchauffez le four à 200 °C (th. 6/7).

Tartinez le pain avec la tapenade puis répartissez dessus les aubergines et des rondelles de chèvre.

Mettez au four pendant environ 5 à 10 minutes jusqu'à ce que le fromage fonde et gratine.

Parsemez de thym et de poivre et dégustez aussitôt.

TARTINES AUX ARTICHAUTS, HARICOTS BLANCS ET BASILIC

POUR 4 PERSONNES

4 tartines de pain de campagne grillées

1 boîte 4/4 de haricots blancs cuisinés

10 feuilles de basilic ciselé + pour la déco

1 boîte ½ de cœurs d'artichauts

8 pétales de tomates confites

½ oignon rouge émincé

3 cuillerées à soupe d'huile d'olive

1 cuillerée à café de curry ou paprika

4 cuillerées à soupe de coriandre ou ciboulette ciselée

Fleur de sel et poivre du moulin

Égouttez les haricots et à l'aide d'un mixeur, mixez-les en purée avec 2 cuillerées à soupe d'huile.

Ajoutez le basilic et le curry. Mélangez.

Égouttez les cœurs d'artichauts puis coupez-les en morceaux ou lamelles.

Étalez sur chaque tranche de pain une couche de purée de haricots.

Disposez par-dessus les cœurs d'artichauts, les tomates confites et quelques oignons rouges. Salez et poivrez.

Arrosez du reste d'huile et décorez d'herbes. Dégustez.

TARTINES DE GUACAMOLE, CONCOMBRE ET ABRICOTS MOELLEUX

POUR 4 PERSONNES

4 gaufres (voir p. 28)

2 avocats mûrs

Le jus de 1 citron jaune

1 tomate grappe

1 oignon botte émincé avec la tige verte

1 concombre

8 abricots moelleux

2 pincées de piment d'Espelette (facultatif)

QS de thym ou romarin frais pour la déco

Fleur de sel, sel et poivre du moulin

Dans un bol, à l'aide d'une fourchette, écrasez la chair des avocats.

Incorporez le jus de citron, la tomate coupée en dés, l'oignon, le sel et le piment d'Espelette.

Coupez le concombre en rondelles et les abricots en deux.

Étalez le guacamole sur les gaufres puis répartissez les rondelles de concombre.

Ajoutez les abricots et décorez de thym et d'une pincée de fleur de sel. Dégustez.

RONDELLES DE COURGETTE AU CHÈVRE ET AUX TOMATES CONFITES

POUR 24 RONDELLES

1 courgette (240 g)

60 g de tomates confites (environ 24)

80 g de chèvre frais

2 cuillerées à soupe de ciboulette ciselée (fraîche ou surgelée)

2 cuillerées à soupe d'huile d'olive

Sel et poivre du moulin

Coupez la courgette lavée (non pelée) en 24 rondelles.

Déposez-les sur une planche. Salez-les et poivrez-les.

Dans un bol, mélangez le chèvre avec l'huile et la ciboulette. Salez et poivrez.

Répartissez le mélange sur chacune des rondelles de courgette.

Posez dessus un morceau de tomate confite et servez aussitôt.

LE BONUS DE SOPHIE

Vous pouvez aussi réaliser des rondelles de courgette « pizza ». Badigeonnez-les des deux côtés d'huile d'olive et répartissez sur chaque rondelle un peu de sauce tomate, puis un morceau de mozzarella ou de bûche de chèvre. Mettez au four à 210 °C (th. 7), jusqu'à ce que le fromage fonde, environ 5 minutes. Sur cette base, à vous d'imaginer vos combinaisons.

LE CONSEIL DE SOPHIE

Si vos courgettes sont trop petites, coupez-les ovales, en biseaux. Les rondelles seront ainsi plus larges.

TOASTS MÉDITERRANÉENS

POUR 15 TOASTS

4 tranches de pain de mie, sans croûte

90 g de tapenade verte ou noire

8 tomates cerises

15 dés de feta aromatisée au parfum de votre choix

20 g de beurre fondu

1 cuillerée à café de Velours de balsamique Maille®

Herbes fraîches (ciboulette ciselée, basilic)

Préchauffez le four à 180 °C (th. 6).

Beurrez les tranches de pain de mie.

Coupez-les en quatre puis mettez-les dans des moules à mini-muffins de manière à en tapisser le fond.

Mettez au four 5 minutes afin de les dorer légèrement.

Retirez-les des moules et laissez-les refroidir.

Garnissez chaque toast d'une petite cuillerée à café de tapenade, puis d'un dé de feta, et enfin d'une demi-tomate cerise.

Au moment de servir, mettez une goutte de Velours de balsamique et un peu d'herbes fraîches.

SALADE DE POMMES DE TERRE AUX CRANBERRIES

POUR 4 PERSONNES

8 pommes de terre type charlotte ou roseval

1 branche de céleri avec la feuille

1 orange ou 2 clémentines

1 salade frisée lavée

3 cuillerées à soupe de cerfeuil ou de coriandre ciselés

50 g de cranberries séchées

80 g de noisettes grillées et concassées

POUR LA SAUCE

Le jus de 2 citrons verts

3 cuillerées à soupe de cerfeuil ciselé

1 yaourt nature

2 cuillerées à soupe de mayonnaise

Sel et poivre du moulin

Lavez les pommes de terre et faites-les cuire sans les peler dans l'eau bouillante salée pendant 25 minutes. Égouttez et laissez-les refroidir un peu.

Pelez les pommes de terre puis coupez-les en tranches.

Lavez la branche de céleri et coupez-la en morceaux.

Pelez l'orange à vif et retirez les quartiers.

Dans un bol, mélangez le yaourt avec la mayonnaise, le cerfeuil et le jus des citrons verts. Salez et poivrez.

Dans un saladier, déposez la salade avec tous les ingrédients puis nappez de sauce.

Parsemez de noisettes et décorez de cerfeuil. Dégustez aussitôt.

SALADE DE HARICOTS VERTS

POUR 4 PERSONNES

500 g de haricots verts frais

2 tomates roma

1 oignon fane émincé

3 cuillerées à soupe
de cerfeuil ciselé

80 g de parmesan frais

1 cuillerée à café
de moutarde forte

1 cuillerée à soupe
de vinaigre balsamique

3 cuillerées à soupe
d'huile d'olive

Sel et poivre du moulin

Équeutez et lavez les haricots.

Dans une casserole d'eau bouillante salée, faites-les cuire pendant 20 minutes.

Égouttez-les et passez-les sous l'eau froide pour les rafraîchir.

À l'aide d'un pèle-tomate, pelez les tomates et épépinez-les, puis coupez-les en petits dés.

Coupez le parmesan en copeaux à l'aide d'un économe.

Dans un bol, mélangez la moutarde, l'huile et le vinaigre.

Salez et poivrez.

Dans chaque assiette, répartissez harmonieusement les haricots, les tomates, l'oignon et le parmesan.

Arrosez de sauce et décorez de cerfeuil.

SALADE TIÈDE DE LENTILLES AUX GIROLLES

POUR 6 PERSONNES

400 g de lentilles vertes

250 g de girolles fraîches ou surgelées

2 échalotes émincées

1 gousse d'ail hachée

3 cuillerées à soupe d'herbes hachées (persil, cerfeuil)

1 cuillerée à soupe de vinaigre balsamique

3 cuillerées à soupe d'huile d'olive

2 cuillerées à soupe d'huile de tournesol

Sel et poivre du moulin

Dans une casserole d'eau bouillante, faites cuire les lentilles suivant les indications du paquet. Salez-les à mi-cuisson.

Dans un saladier, mélangez le vinaigre avec l'huile d'olive et les herbes. Salez et poivrez.

Ajoutez les lentilles vertes égouttées, l'ail et les échalotes.

Coupez la partie terreuse du pied des girolles et essuyez-les avec un linge humide.

Coupez-les en deux si elles sont grosses et faites-les revenir 5 minutes à feu vif dans l'huile de tournesol.

Salez, poivrez et mélangez-les au reste de la salade. Servez.

TABOULÉ GOURMAND ET SON HOUMOUS

POUR 6 À 8 PERSONNES

1 salade romaine lavée

200 g de feta

400 g de houmous

1 boîte de 400 g de pois chiches

80 g d'olives noires dénoyautées

2 cuillerées à soupe d'huile d'olive

Sel et poivre du moulin

POUR LE TABOULÉ

2 grosses tomates

1 oignon rouge haché

6 cuillerées à soupe de menthe hachée

6 cuillerées à soupe de persil plat haché

Le zeste et le jus de 1 citron

85 g de boulgour

4 cuillerées à soupe d'huile d'olive

1 cuillerée à soupe d'origan

Sel et poivre du moulin

Pour le taboulé, dans une casserole d'eau bouillante salée, faites cuire le boulgour pendant 15 minutes.

Égouttez-le et rafraichissez-le sous l'eau froide.

Pelez, coupez en deux et épépinez les tomates. Coupez-les en dés.

Dans un saladier, mélangez les tomates avec l'oignon, les herbes et le boulgour.

Ajoutez le zeste et le jus de citron, ainsi que 4 cuillerées à soupe d'huile. Salez, poivrez et mélangez.

À l'aide d'une cuillère, étalez le houmous au fond de verrines ou de votre boîte à pique-nique.

Parsemez des pois chiches égouttés. Salez et poivrez.

Arrosez de 2 cuillerées à soupe d'huile.

Versez sur le dessus le taboulé puis la salade, la feta émiettée et les olives.

Décorez de persil, de menthe et d'origan.

SALADE DE BOULGOUR AUX CERISES

POUR 6 PERSONNES

180 g de boulgour

250 g de cerises burlat ou autres, dénoyautées

4 cuillerées à soupe d'huile de noix

Le jus de 1 citron jaune

1 échalote émincée

25 g de pignons de pin

10 g d'amandes effilées

4 cuillerées à soupe d'herbes hachées (menthe, estragon, ciboulette, persil...)

Sel et poivre du moulin

Dans une poêle antiadhésive, faites dorer les pignons de pin et les amandes sans matière grasse, à feu vif. Attention, ça va très vite !

Dans une casserole, portez à ébullition 40 cl d'eau salée.

Ajoutez le boulgour. Mélangez, couvrez et laissez cuire à feu doux pendant 12 minutes jusqu'à ce que le boulgour soit tendre et qu'il n'y ait plus d'eau.

Pendant ce temps, dans un saladier, mélangez l'huile de noix avec le citron et l'échalote. Salez et poivrez.

Ajoutez les cerises coupées en deux, les pignons et les amandes.

Mettez 10 minutes au frigo, le temps que le boulgour refroidisse.

Ajoutez les herbes.

Goûtez et rectifiez l'assaisonnement si nécessaire.

VIANDE

TARTINES DE POULET AU PESTO, TAGLIATELLES DE COURGETTES

POUR 4 PERSONNES

4 tranches de pain grillé

2 blancs de poulet

2 petites courgettes

4 cuillerées à soupe d'huile d'olive

2 cuillerées à soupe de persil ou ciboulette ciselés

Sel et poivre du moulin

POUR LE PESTO

Les feuilles d'un bouquet de basilic + pour la déco

1 gousse d'ail hachée

50 g de pignons de pin

50 g de parmesan râpé

8 cl d'huile d'olive

Sel

À l'aide d'un économe, taillez les courgettes en tagliatelles comme si vous les peliez.

Salez, poivrez et versez 2 cuillerées à soupe d'huile. Mettez de côté.

Dans une poêle, faites cuire les blancs de poulet à feu moyen dans 2 cuillerées à soupe d'huile.

Salez, poivrez et laissez-les refroidir à température ambiante.

Dans la même poêle, faites sauter les courgettes à feu moyen pendant 2 minutes en les mélangeant souvent. Incorporez les herbes.

Pendant ce temps, dans un mixeur blender, mixez tous les ingrédients du pesto pendant environ 1 minute jusqu'à ce que le pesto soit bien vert.

Tartinez les tranches de pain avec le pesto.

Répartissez dessus les blancs de poulet coupés en lamelles puis décorez de tagliatelles et de basilic.

TARTINES AU MAGRET FUMÉ ET BREBIS

POUR 4 PERSONNES

4 pains pita

16 tranches de magret fumé

200 g de fromage frais de brebis

1 échalote émincée

Une vingtaine d'olives vertes coupées en morceaux

2 cuillerées à soupe d'huile d'olive

QS de pignons de pin

4 cuillerées à soupe d'herbes ciselées (ciboulette, coriandre, persil…)

Poivre du moulin

Dans un bol, mélangez le fromage avec l'échalote, les olives vertes et l'huile.

Tartinez chaque pain pita avec la préparation au fromage de brebis.

Disposez par-dessus le magret fumé et poivrez.

Décorez de pignons de pin et d'herbes et dégustez

BRUSCHETTA CÉSAR AU POULET

POUR 4 BRUSCHETTAS

500 g de poulet cuit effiloché

4 tranches de pain à bruschetta grillées

1 salade iceberg ou 4 sucrines

Des noix de cajou ou raisins blonds

Du parmesan en copeaux

3 cuillerées à soupe de persil haché + pour la déco

Fleur de sel et poivre du moulin

POUR LA SAUCE

200 g de mayonnaise

12 cl de lait entier ou crème liquide

30 g de parmesan râpé

1 cuillerée à soupe de sauce Worcestershire

1 cuillerée à soupe de vinaigre balsamique

1 gousse d'ail

Fleur de sel et poivre du moulin

Préparez la sauce. À l'aide d'un blender, mixez tous les ingrédients de la sauce.

Si elle est trop épaisse, selon votre goût, incorporez un peu de lait en sus.

Dans un saladier, mélangez le poulet avec la sauce et le persil.

Goûtez et rectifiez l'assaisonnement si nécessaire.

Répartissez la préparation sur les bruschettas.

Par-dessus, posez des feuilles de salade, puis des noix de cajou et des copeaux de parmesan.

Décorez de persil et dégustez.

TARTINE AU CARPACCIO DE BŒUF, ROQUETTE, AVOCAT ET PARMESAN

POUR 4 PERSONNES

4 tranches de pain grillées

2 cuillerées à soupe de moutarde Savora®

1 avocat en lamelles

220 g de carpaccio de bœuf

100 g de roquette

50 g de copeaux de parmesan

Des pignons de pin

Le jus d'1 citron jaune

4 cuillerées à soupe d'huile d'olive

4 cuillerées à soupe de basilic ciselé

Fleur de sel et poivre du moulin

Sur chaque tartine, étalez la moutarde.

Déposez dessus les lamelles d'avocat, puis les tranches de carpaccio.

Décorez de roquette, de copeaux de parmesan et de pignons.

Dans un bol, mélangez le jus de citron avec l'huile.

Arrosez la tartine, salez, poivrez et décorez de basilic.

Dégustez.

TARTINES À LA COMPOTÉE DE LAPIN À L'ESTRAGON

POUR 6 PERSONNES

1,5 kg de lapin coupé en morceaux

4 oignons (400 g)

2 branches d'estragon

40 cl de vin blanc

40 cl de bouillon de volaille (40 cl d'eau bouillante + 2 cubes de bouillon de volaille)

Sel et poivre du moulin

Épluchez et émincez finement les oignons.

Déposez les oignons et les morceaux de lapin dans une cocotte. Salez, poivrez et effeuillez les branches d'estragon sur le lapin.

Versez le vin blanc et le bouillon et faites mijoter à feu doux pendant 1 heure 15.

Sortez les morceaux de lapin, laissez-les tiédir puis désossez-les dans un saladier, en les effilochant avec vos doigts.

Ajoutez les oignons, le vin blanc et le bouillon restant.

Mélangez bien et rectifiez l'assaisonnement si nécessaire.

Répartissez la préparation dans une terrine en pressant l'ensemble.

Couvrez et mettez au frigo pendant 24 heures.

Cette compotée se déguste froide avec du pain grillé et des cornichons.

LE CONSEIL DE SOPHIE

Vous pouvez remplacer l'estragon par du thym ou du persil haché et ajouter à la fin des pistaches ou des pignons de pin.

YORKSHIRE PUDDING AU ROSBIF

POUR 6 PERSONNES

110 g de farine

2 œufs

30 cl de lait demi-écrémé

10 g de beurre demi-sel

POUR LA GARNITURE

180 g de tranches de rosbif froid

3 cuillerées à café de Horseradish sauce (ou de moutarde mélangée avec de la crème fraîche épaisse)

Origan et thym

Préchauffez le four à 220 °C (th. 7-8).

Dans un bol, faites fondre le beurre dans le lait au micro-ondes.

Dans un saladier, versez la farine.

Faites un puits au milieu et mettez-y les œufs préalablement battus.

Mélangez à l'aide d'un fouet en incorporant petit à petit le lait chaud.

Répartissez la préparation dans des moules à cannelés, petits-fours ou mini-muffins en silicone.

Mettez au four pendant 15 minutes.

Laissez tiédir et démoulez.

Posez sur le dessus un peu de Horseradish sauce puis un morceau de rosbif.

Décorez avec de l'origan et du thym.

TERRINE DE CANARD AUX FRUITS D'ÉTÉ

POUR 6 PERSONNES

2 magrets de canard hachés, sans la peau

2 pêches

4 abricots

40 g de pistaches vertes non salées

2 cuillerées à café de paprika

2 cuillerées à soupe de persil haché

50 g de chapelure

2 œufs entiers

Sel et poivre du moulin

Préchauffez le four à 180 °C (th. 6).

Dénoyautez les pêches et les abricots, puis coupez-les en dés.

Hachez grossièrement les pistaches.

Dans un saladier, mettez le canard.

Ajoutez les fruits, les pistaches, le paprika et le persil, ainsi que les œufs et la chapelure.

Mélangez.

Salez, poivrez, goûtez et rectifiez l'assaisonnement si nécessaire.

Répartissez la préparation dans des pots à confiture.

Mettez au four pendant 30 minutes, puis laissez refroidir.

Servez cette terrine froide, à température ambiante, avec un bon pain de campagne grillé.

LE CONSEIL DE SOPHIE

Vous pouvez remplacer le canard par une autre volaille et utiliser des fruits moelleux à la place des fruits frais.

SALADE DE FÈVES AU CHORIZO ET AU PECORINO

POUR 4 PERSONNES

100 g de chorizo doux

500 g de fèves surgelées

2 salades sucrines

100 g de feuilles de cresson

100 g de pecorino ou de parmesan

1 cuillerée à soupe d'huile d'olive

POUR LA VINAIGRETTE

1 échalote émincée

Le jus de 1 citron

3 cuillerées à soupe d'herbes ciselées (ciboulette, cerfeuil, persil, coriandre)

5 cuillerées à soupe d'huile d'olive

Sel et poivre du moulin

Dans une casserole d'eau bouillante salée, faites blanchir les fèves pendant 1 minute.

Égouttez et rincez-les sous l'eau froide pour stopper la cuisson.

Dans un bol, mélangez le jus de citron avec l'échalote, les herbes, du sel et du poivre.

Incorporez petit à petit l'huile.

Dans une poêle, faites dorer le chorizo coupé en rondelles dans l'huile à feu moyen.

Dans un saladier, disposez les sucrines coupées en quatre dans la longueur.

Répartissez le cresson et les fèves, puis les rondelles de chorizo encore chaudes.

Parsemez de pecorino en copeaux, arrosez de vinaigrette et décorez d'herbes.

Servez aussitôt.

SALADE ASIATIQUE

POUR 4 PERSONNES

2 blancs de poulet cuits

Le jus de 3 citrons verts

2 cuillerées à soupe de sauce soja

2 cuillerées à soupe d'huile de tournesol

½ cuillerée à soupe de sucre en poudre

½ chou rouge émincé finement

2 carottes râpées

3 cuillerées à soupe de coriandre ciselée

3 cuillerées à soupe de menthe ciselée

QS de graines (tournesol, courge, pignons de pin…)

Sel et poivre du moulin

Coupez le poulet en fines lamelles.

Dans un saladier, mélangez le jus des citrons avec la sauce soja, l'huile et le sucre.

Ajoutez le chou, les carottes, la coriandre, la menthe et le poulet.

Salez et poivrez. Mélangez.

Goûtez et rectifiez l'assaisonnement si nécessaire.

Décorez de graines.

Servez aussitôt.

LE CONSEIL DE SOPHIE

Vous pouvez mélanger la sauce et les légumes 24 heures à l'avance, la texture sera ainsi moelleuse au lieu d'être croquante.

QT
48
40
32

POISSON / CRUSTACÉ

TARTINES DE ROUGET ET CAVIAR D'AUBERGINES

POUR 4 PERSONNES

4 tranches de pain grillées

4 rougets barbets en filets

1 pot de caviar d'aubergines

1 gousse d'ail coupée en 2

2 cuillerées à soupe d'huile d'olive

Quelques brins d'aneth

Quelques olives noires

Fleur de sel et piment d'Espelette, ou poivre du moulin

Préchauffez le four en position gril.

Nappez les tranches de pain d'huile d'olive, puis frottez-les avec la gousse d'ail coupée en 2.

Tartinez le pain de caviar d'aubergines, puis répartissez 2 filets de rouget dessus.

Mettez sous le gril pendant 3 minutes.

Parsemez de fleur de sel et de piment. Décorez d'aneth ciselé et d'olives noires.

Dégustez aussitôt.

TARTARE DE CRABE SUR TARTINE

POUR 4 PERSONNES

4 tranches de pain grillées

250 g de chair de crabe

1 pamplemousse rosé

1 avocat mûr

2 petits oignons botte

50 g de pousses d'épinards ou cresson

3 cuillerées à soupe de sauce soja

2 cuillerées à soupe d'huile de sésame ou d'olive ou d'avocat

2 cuillerées à soupe de vinaigre de riz

1 cuillerée à soupe de graines de sésame doré + pour la déco

4 cuillerées à soupe de ciboulette ou coriandre ciselées

Fleur de sel et poivre du moulin

Pelez le pamplemousse à vif en ne gardant que la chair. Coupez-la en morceaux. Gardez-en pour la déco.

Pelez l'avocat, retirez le noyau et coupez la chair en petits morceaux. Gardez-en pour la déco.

Émincez les petits oignons avec la tige verte.

Dans un bol, mélangez le tout avec la chair du crabe, l'huile, le vinaigre, la sauce soja et la moitié des herbes.

Salez, poivrez et mélangez.

Répartissez les pousses d'épinards coupées en lamelles sur le pain.

Dressez le tartare de crabe, puis décorez avec les graines de sésame et le reste d'herbes.

Salez, poivrez et dégustez.

TARTINES DE POULPE, COMPOTÉE DE CHORIZO ET TAPENADE

POUR 4 PERSONNES

4 tranches de pain grillées

350 g de poulpe déjà cuisiné, en morceaux

8 rondelles de chorizo

2 tomates grappes

2 petits oignons botte émincés

1 gousse d'ail hachée

1 petit pot de tapenade verte ou noire

Quelques feuilles d'origan

2 cuillerées à soupe d'huile d'olive

Fleur de sel et poivre du moulin

Retirez la peau du chorizo, puis coupez-le en petits morceaux. Pelez les tomates, retirez les pépins puis coupez la chair en petits morceaux.

Dans une sauteuse, faites revenir les oignons à feu moyen avec du sel et du poivre pendant 2 minutes.

Puis incorporez le chorizo, l'ail et les tomates. Laissez mijoter pendant 10 minutes en remuant régulièrement.

Tartinez le pain de tapenade. Répartissez la compotée de chorizo, puis les morceaux de poulpe, et parsemez le tout d'origan.

Dégustez aussitôt.

TARTINES ASIATIQUES AUX CREVETTES

POUR 4 PERSONNES

10 grosses crevettes roses décortiquées

2 tranches de pain de seigle grillées

1 petite boîte de germes de soja mungo

1 cuillerée à soupe de sauce soja

1 cuillerée à soupe de sauce nuoc-mâm

1 cuillerée à café de jus de citron

2 cuillerées à soupe d'huile de sésame ou olive

1 gousse d'ail hachée

2 petits oignons blancs émincés avec la tige

10 g de gingembre frais râpé

Du piment d'Espelette (facultatif)

Des graines de sésame dorées

3 cuillerées à soupe de ciboulette ou coriandre ciselée

Fleur de sel et poivre du moulin

Dans un bol, mélangez la sauce soja avec le nuoc-mâm, le jus de citron et l'huile.

Ajoutez l'ail, les oignons, le gingembre et le piment d'Espelette.

Dans un saladier, versez la sauce sur les crevettes et mettez à mariner au minimum 1 heure au frigo.

Nappez un peu de jus de la marinade sur les tranches de pain.

Répartissez les germes de soja sur chaque tartine, puis déposez harmonieusement les crevettes dessus.

Parsemez de graines de sésame, de sel et de poivre.

Décorez d'herbes, nappez de sauce et dégustez.

TARTINE AU THON CURRY ET COCO

POUR 4 PERSONNES

4 tranches de pain grillées

400 g de filet de thon frais en morceaux

1 échalote émincée

2 mini-piments doux rouges ou verts

1 gousse d'ail hachée

4 cuillerées à soupe de coriandre ou de ciboulette ciselées

4 cuillerées à soupe de persil haché + pour la déco

Le jus d'1 citron vert + 1 citron pour la déco

1 cuillerée à soupe de poudre de curry de Madras

4 cuillerées à soupe de crème de coco

2 cuillerées à soupe d'huile de tournesol

Fleur de sel et poivre du moulin

Dans un saladier, mélangez le thon avec l'échalote, les piments, l'ail, les herbes, le jus du citron, le curry, l'huile, la crème de coco, du sel et du poivre.

Goûtez et rectifiez l'assaisonnement si nécessaire.

Répartissez la préparation sur chaque tartine.

Décorez d'une tranche de citron et d'herbes.

TARTINE AU SAUMON GRAVLAX

POUR 4 À 6 PERSONNES

4 petits pains polaires grillés ou autres

1 morceau de saumon frais entier avec la peau d'environ 500 g

300 g de sucre en poudre

300 g de gros sel

10 tours de poivre du moulin

6 cuillerées à soupe d'aneth haché

1 betterave cuite en rondelles

4 cuillerées à soupe de vodka (facultatif)

Quelques feuilles de mesclun pour la déco

Du jus de citron

POUR LA SAUCE

8 cuillerées à soupe de fromage blanc ou de crème épaisse

8 cuillerées à soupe d'herbes ciselées (ciboulette, aneth, coriandre)

1 cuillerée à soupe de moutarde forte ou 1 cuillerée à café de horseradish sauce

Sel et poivre du moulin

Retirez les arêtes du poisson avec une pince à épiler.

Dans un saladier, mélangez le sucre, le sel, le poivre et l'aneth.

Dans un plat à gratin, étalez la moitié de cette préparation, déposez-y le saumon côté peau.

Répartissez les rondelles de betterave sur la chair du saumon et recouvrez de la préparation au sel.

Couvrez de film alimentaire et laissez mariner de 6 à 48 heures au frigo.

Au moment de servir, rincez abondamment le saumon sous l'eau froide afin de retirer tout le sel et la betterave.

Épongez bien et coupez le poisson en lamelles fines.

Dans un bol, mélangez tous les ingrédients de la sauce, sans trop saler.

Étalez un peu de crème sur chaque pain, puis répartissez harmonieusement les tranches de saumon.

Décorez de mesclun et dégustez aussitôt avec du jus de citron selon votre goût.

TARTINE DE FISH AND CHIPS

POUR 2 PERSONNES

2 tranches de pain de seigle complet grillées (Vollkornbrot)

1 dos de cabillaud d'environ 300 g

3 œufs

500 g de chapelure panko

125 g de farine

20 cl d'huile de tournesol

Des feuilles de mâche ou cresson

Des chips

POUR LA SAUCE TARTARE MAISON

4 cuillerées à soupe de crème épaisse ou de yaourt à la grecque

2 cuillerées à soupe de mayonnaise

2 cuillerées à soupe de coriandre ciselée + pour la déco

2 cuillerées à soupe de ciboulette ciselée

Le jus d'½ citron

10 cornichons fins hachés

Sel et poivre du moulin

Dans un bol, mélangez tous les ingrédients de la sauce. Salez, poivrez et mettez de côté au frigo.

Coupez le dos de cabillaud en deux. Salez et poivrez-les

Répartissez la farine, les œufs et la chapelure dans 3 assiettes creuses.

Dans une poêle, versez l'huile et chauffez-la à feu moyen.

Passez les morceaux de cabillaud dans la farine, dans les œufs, puis dans la chapelure.

Faites-les cuire dans l'huile.

Lorsque la surface est dorée, retournez les poissons et poursuivez la cuisson de l'autre côté.

Mettez un peu de sauce sur chaque tartine et posez dessus le cabillaud croustillant.

Décorez de mâche, d'herbes et de chips. Dégustez aussitôt avec le reste de sauce.

BRUSCHETTA AUX SARDINES MARINÉES, RAISINS ET FENOUIL

POUR 4 PERSONNES

4 crackers aux graines

4 sardines préparées en filets

Le jus de 2 citrons verts ou d'1 citron jaune

3 cuillerées à soupe d'huile d'olive

1 bulbe de fenouil émincé

1 oignon émincé

20 g de raisins blonds

1 gousse d'ail hachée

1 cuillerée à café de cumin en grains

20 g de pignons de pin grillés

Fleur de sel, sel, et poivre du moulin

Dans un plat à gratin, déposez les filets de sardines en une seule couche, côté peau en dessous.

Salez et poivrez.

Dans un bol, mélangez le jus de citron et l'huile d'olive. Versez le tout sur les sardines.

Salez et poivrez.

Couvrez d'un film alimentaire et laissez mariner au frais pendant environ 6 heures.

Pendant ce temps, dans une sauteuse, faites revenir à feu moyen le fenouil avec l'oignon, les raisins, l'ail, le cumin, du sel et du poivre pendant 20 minutes en mélangeant de temps en temps.

Laissez refroidir à température ambiante.

Au moment de servir, sortez et égouttez les sardines marinées du frigo. Coupez-les en morceaux.

Étalez sur chaque cracker la préparation au fenouil.

Répartissez les morceaux de sardines.

Parsemez de pignons et décorez de pluches de fenouil. Dégustez.

TARTINE DE BROCHETTE DE SAINT-JACQUES AU HOUMOUS

POUR 4 PERSONNES

1 pot de houmous

1 pot de houmous
de betterave

6 tranches de pain grillées

16 noix de Saint-Jacques
avec ou sans corail

2 cuillerées à soupe
d'huile d'olive

20 g de beurre

Le jus d'½ citron jaune

4 cuillerées à soupe
de ciboulette ciselée

Fleur de sel et poivre
du moulin

Sur chaque tartine, étalez suivant votre goût du houmous et du houmous de betterave. Mettez de côté.

Rincez les noix de Saint-Jacques sous l'eau froide, puis épongez-les avec du papier absorbant.

Transpercez-les 4 par 4 sur des brochettes.

Dans une poêle antiadhésive, faites dorer à feu vif les noix de Saint-Jacques dans l'huile chaude, 3 minutes d'un côté et 1 minute de l'autre. Salez et poivrez.

Ajoutez le beurre, le jus de citron et la ciboulette. Mélangez.

Déposez une brochette de Saint-Jacques sur chaque tartine.

Récupérez le jus de cuisson et nappez-en les noix de Saint-Jacques.

Décorez d'herbes et dégustez aussitôt.

TARTINE DE SAINT-JACQUES, TOMATE ET PARMESAN

POUR 2 PERSONNES

2 feuilles de pain au romarin (toasts très fins) ou autres

3 noix de Saint-Jacques sans corail

1 tomate grappe

1 gousse d'ail hachée

1 échalote hachée

Le jus d'un citron jaune

10 feuilles de basilic, thym ou origan ciselées

3 cuillerées à soupe d'huile d'olive

Sel, fleur de sel et poivre du moulin

QS de parmesan frais en copeaux

QS de perles de citron pour la déco

Dans une sauteuse, faites revenir à feu moyen dans 2 cuillerées à soupe d'huile la tomate coupée en morceaux avec l'ail, le basilic, du sel et du poivre pendant environ 10 minutes.

Étalez la compotée de tomate sur chaque tranche de pain.

Coupez les noix de Saint-Jacques en tranches fines.

Versez dessus l'échalote, le reste d'huile d'olive et le jus de citron.

Répartissez les tranches de Saint-Jacques sur les tomates.

Assaisonnez de fleur de sel et de poivre.

Décorez de copeaux de parmesan, de perles de citron et d'herbes ciselées.

Dégustez aussitôt.

LE CONSEIL DE SOPHIE

Vous trouverez les perles de citron dans les épiceries fines ou sur Internet.

TARTINES BEURRÉES À LA LOTTE RÔTIE ET AU CHORIZO

POUR 2 PERSONNES

1 gigotin de lotte d'environ 300 g

4 rondelles de chorizo (doux ou fort)

1 cuillerée à café de paprika (ou de piment d'Espelette)

30 g de beurre doux, mou

4 pétales de tomates confites

2 cuillerées à soupe d'huile d'olive

½ baguette

Quelques brins de cerfeuil

Fleur de sel et poivre du moulin

Préchauffez le four à 210 °C (th. 7).

Posez la lotte dans un plat allant au four.

Arrosez-la d'huile, parsemez de fleur de sel, de poivre et de paprika.

Mettez au four pendant 15 minutes.

Pendant ce temps, faites griller 2 tranches de baguette d'environ 17 cm. Écrasez le beurre avec le chorizo coupé en morceaux. Tartinez les tranches de pain de beurre au chorizo.

Coupez la lotte en 6 morceaux et servez-la avec les tartines et les tomates. Décorez de cerfeuil et dégustez aussitôt.

LE CONSEIL DE SOPHIE

On oublie trop souvent de retirer les deux peaux successives de la lotte. Eh oui, sous la peau grise, il y a une autre peau qui se rétracte en cuisant, d'où le sentiment de manger du caoutchouc.

SALADE DE HADDOCK

POUR 6 PERSONNES

500 g de haddock

2 oignons rouges émincés

Le jus de 1 citron jaune

1 sachet de roquette (125 g)

1 pomme verte granny-smith

4 cuillerées à soupe d'herbes hachées (coriandre et menthe)

2 cuillerées à soupe de jus d'orange

3 cuillerées à soupe d'huile d'olive

Sel et poivre du moulin

Dans une sauteuse, faites pocher le haddock dans l'eau frémissante pendant 10 minutes.

Déposez-le sur du papier essuie-tout et laissez-le refroidir.

Dans un saladier, mélangez les oignons avec la pomme coupée en bâtonnets, non épluchée, la roquette et les herbes.

Arrosez du jus de citron. Salez et poivrez.

Dès que le poisson est froid, effilochez-le en gros morceaux.

Ajoutez-les sur le dessus de la salade.

Arrosez de jus d'orange et d'huile d'olive.

Décorez d'herbes et servez aussitôt.

SUPER COMPLÈTES

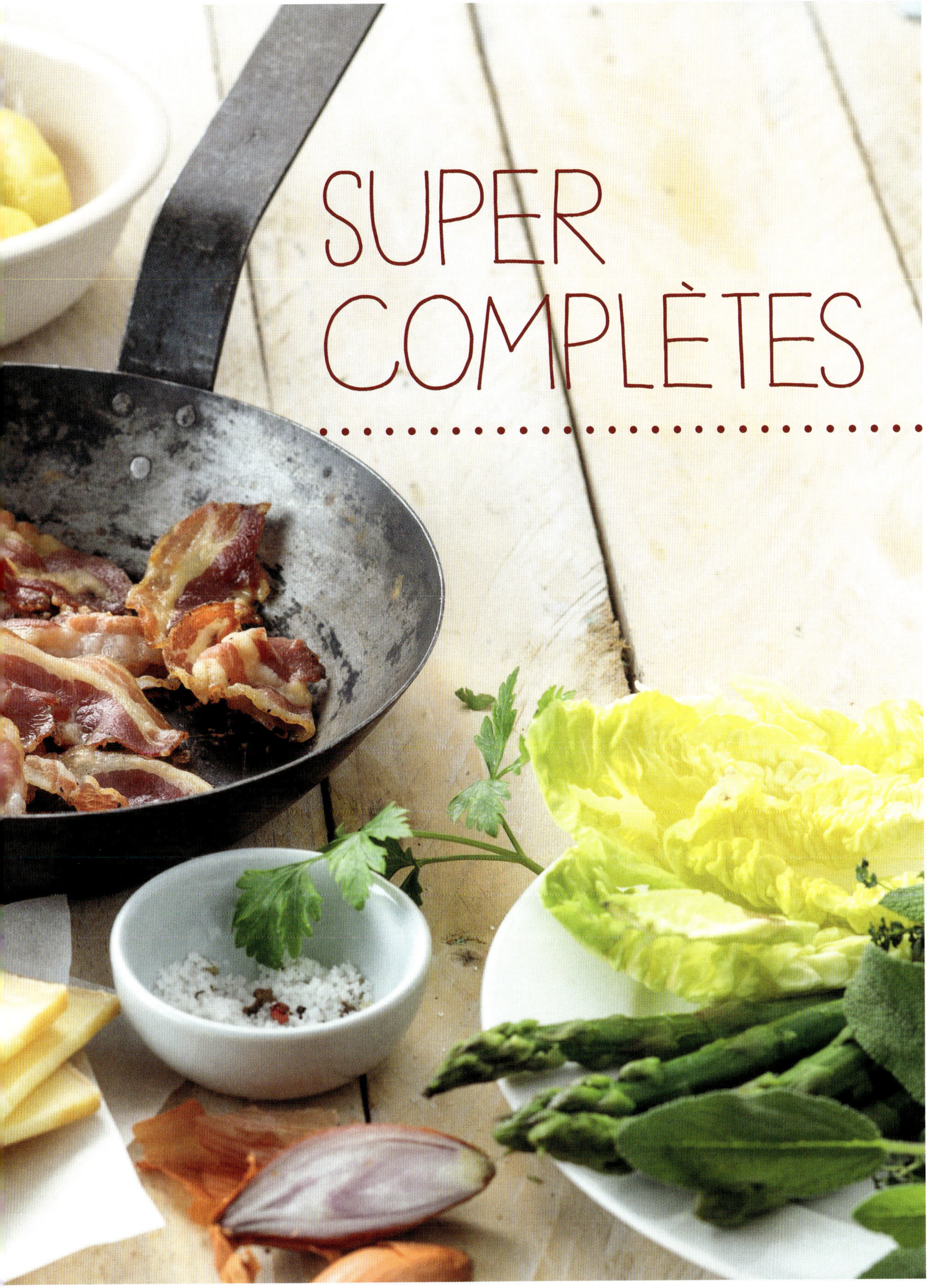

TARTINES AUX POIREAUX, REBLOCHON ET LARDONS

POUR 4 PERSONNES

4 tranches de pain grillées

500 g de blancs de poireaux lavés et émincés

100 g de lardons allumettes fumés

10 g de beurre

200 g de reblochon coupé en lamelles

Sel et poivre du moulin

Dans une sauteuse, faites revenir les lardons avec les poireaux, le beurre, du sel et du poivre à feu moyen pendant environ 8 minutes.

Préchauffez le four à 200 °C (th. 6/7).

Recouvrez les tranches de pain de la préparation aux poireaux puis déposez dessus les lamelles de reblochon.

Poivrez et faites gratiner 15 minutes au four jusqu'à ce que le fromage soit fondu. Servez aussitôt.

TARTINES À L'AVOCAT, ŒUF MOLLET, MENTHE ET CORIANDRE

POUR 4 PERSONNES

4 tranches de pain de campagne

4 œufs entiers

2 avocats mûrs

2 cuillerées à soupe de crème fraîche épaisse

2 cuillerées à soupe de jus de citron vert

4 gouttes de Tabasco® (facultatif)

1 gousse d'ail hachée

2 cuillerées à soupe de feuilles de menthe ciselées

4 cuillerées à soupe de feuilles de coriandre ciselées

2 cuillerées à soupe de persil ciselé

Sel, fleur de sel et poivre du moulin

Pelez et dénoyautez les avocats.

Dans un bol, écrasez la chair.

Incorporez la crème, le jus de citron, le Tabasco®, l'ail, les herbes, du sel et du poivre.

Portez une casserole d'eau à ébullition avec du sel.

Plongez les œufs dans l'eau et faites-les cuire 5 à 6 minutes.

Retirez-les puis laissez-les refroidir dans de l'eau froide.

Sur le plan de table, roulez les œufs délicatement afin de fêler la coquille puis écalez-les toujours délicatement sous l'eau froide.

Tartinez le pain de la préparation à l'avocat puis déposez un œuf sur le dessus.

Parsemez d'un peu de fleur de sel, de poivre et d'herbes. Dégustez.

TARTINES AUX ASPERGES, BRIE ET PANCETTA GRILLÉE

POUR 4 PERSONNES

4 tranches de pain à l'épeautre grillées

3 cuillerées à soupe d'huile d'olive

1 gousse d'ail hachée

200 g de brie de Meaux ou Melun

16 asperges vertes

8 tranches de pancetta

QS de feuilles de basilic pour la déco

Fleur de sel et poivre du moulin

Préchauffez le four en position gril.

Frottez l'ail haché sur chaque pain.

Lavez les asperges et coupez-en la base.

Dans une poêle, faites-les griller dans l'huile avec du sel et du poivre pendant environ 3 à 4 minutes.

Retirez les asperges et faites dorer les tranches de pancetta pendant environ 2 minutes.

Déposez 50 g de fromage coupé en lamelles sur chaque tartine et mettez-les sous le gril pendant environ 3 minutes jusqu'à ce que le brie commence à fondre.

Répartissez les asperges sur le fromage puis la pancetta sur le dessus.

Poivrez, salez et décorez de basilic.

Dégustez aussitôt.

TARTINE DE JAMBON CRU AUX OIGNONS CONFITS GRATINÉE AU FROMAGE

POUR 4 PERSONNES

4 tranches de pain grillées

4 tranches de jambon cru

200 g de fromage (cantal, abondance, reblochon, raclette…)

1 oignon jaune émincé

1 gousse d'ail hachée

½ cuillerée à café de graines de cumin

2 cuillerées à soupe d'huile d'olive

Des feuilles de mesclun ou roquette

Sel et poivre du moulin

Dans une poêle, faites revenir l'oignon et l'ail dans l'huile à feu moyen avec du sel, du poivre et le cumin durant 10 minutes.

Pendant ce temps, coupez le fromage en tranches fines et préchauffez le four en position gril.

Sur chaque tranche de pain, étalez la préparation aux oignons, puis déposez une tranche de jambon et enfin 50 g de fromage.

Poivrez et mettez au four jusqu'à ce que le fromage soit gratiné.

Au moment de déguster, ajoutez un peu de salade pour donner du volume.

TARTINES D'ŒUFS BROUILLÉS AU CHORIZO

POUR 2 PERSONNES

2 grandes tranches de pain de campagne grillées

10 fines tranches de chorizo doux ou fort

4 tranches d'emmental ou comté en lamelles

4 œufs

1 cuillerée à soupe de crème fraîche épaisse

20 g de beurre doux

Quelques brins de ciboulette

Sel et poivre du moulin

Sur le pain, disposez les tranches de chorizo.

Dans un bol, cassez les œufs puis battez-les à l'aide d'une fourchette.

Versez-les dans une sauteuse dans le beurre fondu à feu moyen.

À l'aide d'une cuillère en bois, mélangez constamment jusqu'à l'obtention d'une consistance crémeuse.

Incorporez la crème fraîche, du sel et du poivre.

Préchauffez le four en position gril.

Répartissez les œufs brouillés sur le chorizo.

Recouvrez de fromage, puis mettez les tartines sous le gril jusqu'à ce que le fromage soit fondu.

Parsemez de ciboulette ciselée.

Dégustez aussitôt.

OPINEL
INOX
OPINEL
SAVOIE FRANCE

SALADE DE JAMBONNEAU À L'EMMENTAL

POUR 6 PERSONNES

1 jambonneau découenné

1 laitue lavée

2 tomates

100 g d'emmental

2 cuillerées à soupe d'herbes hachées (persil, ciboulette…)

1 cuillerée à soupe de mayonnaise

1 cuillerée à soupe de vinaigre de vin

3 cuillerées à soupe d'huile de tournesol

Sel et poivre du moulin

Coupez le jambonneau et l'emmental en dés.

Ôtez le cœur des tomates, coupez-les en quatre et épépinez-les.

Dans un saladier, mélangez le vinaigre, l'huile, la mayonnaise et les herbes.

Salez et poivrez.

Ajoutez la laitue, les tomates, le jambonneau et l'emmental.

Ne mélangez qu'au moment de servir.

SALADE LANDAISE

POUR 6 PERSONNES

6 tranches de foie gras de canard mi-cuit

6 tranches de jambon de Bayonne

30 tranches de magret de canard fumé

12 gésiers de canard

1 salade frisée lavée

18 têtes d'asperges blanches

3 tomates grappes

Persil haché

Pignons de pin

2 cuillerées à soupe de vinaigre balsamique

3 cuillerées à soupe d'huile de tournesol

Sel et poivre du moulin

Répartissez dans 6 assiettes un peu de frisée.

Mettez au centre le foie gras, puis 1 tranche de jambon de Bayonne roulée, 3 asperges, 5 tranches de magret de canard fumé et ½ tomate coupée en fines tranches.

Dans une poêle, faites revenir à feu moyen les gésiers coupés en deux dans l'huile, pendant 2 minutes. Salez et poivrez.

Versez le vinaigre en grattant bien le fond, puis parsemez de 2 cuillerées à soupe de pignons de pin.

Répartissez le tout dans chaque assiette. Décorez de 3 cuillerées à soupe de persil et servez aussitôt.

SALADE DE CHÈVRE, LARDONS ET RAISINS À L'ESTRAGON

POUR 6 PERSONNES

200 g d'allumettes de lardons fumés

6 tomates grappes

125 g de roquette

3 gousses d'ail hachées

Feuilles d'estragon

36 grains de raisin

200 g de bûche de chèvre

4 cuillerées à soupe d'huile d'olive

Sel et poivre du moulin

POUR LA SAUCE

1 échalote émincée

2 cuillerées à soupe d'estragon haché

1 cuillerée à soupe de vinaigre balsamique

3 cuillerées à soupe d'huile d'olive

Sel et poivre du moulin

Préchauffez le four à 160 °C (th. 5/6).

Coupez chacune des tomates en 3 rondelles, puis posez-les sur la plaque du four recouverte d'un tapis silicone.

Saupoudrez de l'ail haché et de 3 cuillerées à soupe d'huile d'olive.

Salez légèrement, poivrez et mettez au four pendant 1 heure.

Dans un bol, mélangez les grains de raisin avec 1 cuillerée à soupe d'huile et ajoutez-les avec les tomates.

Remettez le tout à cuire encore 30 minutes.

Ensuite, répartissez le chèvre coupé en morceaux sur le mélange tomates-raisin, éteignez le four et laissez la préparation au chaud.

Dans une poêle antiadhésive sans matière grasse, faites dorer les lardons à feu moyen.

Pour la sauce, dans un bol, mélangez tous les ingrédients.

Salez et poivrez.

Sur chaque assiette, répartissez le mélange tomates avec la roquette.

Arrosez de sauce, parsemez de lardons et d'estragon.

FROMAGE

TARTINE NORMANDE AUX POMMES ET AU CAMEMBERT

POUR 4 PERSONNES

4 tranches de pain grillées

1 camembert de Normandie au lait cru

8 tranches fines d'andouille de Guémené

1 pomme Pink Lady® ou reinette…

Le jus d'1 citron jaune

Des cerneaux de noix ou ciboulette pour la déco

Fleur de sel et poivre du moulin

Préchauffez le four à 180 °C (th. 6).

Pelez la pomme et coupez-la en tranches fines. Citronnez-les.

Répartissez sur le pain le camembert coupé en lamelles.

Déposez les rondelles d'andouille, puis les pommes.

Salez et poivrez, puis mettez-les à cuire au four pendant 10 minutes, jusqu'à ce que le camembert fonde.

À la sortie du four, décorez de noix et dégustez aussitôt.

TARTINE CROUSTILLANTE AU ROQUEFORT ET BETTERAVE CRUE

POUR 4 PERSONNES

4 tranches de pain d'épice ou de pain grillées

200 g de roquefort Papillon® ou de gorgonzola

1 poire comice ou conférence

30 g de cerneaux de noix ou noisettes concassés

4 filets de miel liquide

1 petite betterave crue

De la mâche pour la déco

Poivre du moulin

Préchauffez le four à 180 °C (th. 6).

Coupez en tranches fines la poire, puis répartissez-les sur chaque tranche de pain d'épice.

Découpez le roquefort en morceaux et déposez-les sur les poires.

Parsemez de noix et arrosez de miel. Poivrez et mettez à gratiner au four pendant 10 minutes.

À la sortie du four, râpez sur le dessus un peu de betterave crue et déposez quelques feuilles de mâche.

Dégustez aussitôt.

TOASTS FROMAGE DE CHÈVRE ET RAISINS AU PORTO

POUR 6 TOASTS

6 fromages de chèvre frais (pélardon, picodon…)

6 tranches de bacon

18 raisins blancs

1 sachet de mâche

6 crackers

3 cuillerées à soupe de porto blanc

3 cuillerées à soupe d'huile d'olive

Sel et poivre du moulin

Dans un bol, écrasez avec une fourchette les fromages de chèvre avec le porto, du sel et du poivre.

Huilez six ramequins puis déposez dans chacun trois raisins épépinés et coupés en deux.

Recouvrez de la préparation au fromage en tassant bien.

Mettez au frigo pendant 2 heures.

Dans une poêle antiadhésive, faites griller sans matière grasse les tranches de bacon puis coupez-les en lamelles.

Démoulez les ramequins sur les crackers puis parsemez le tout de lamelles de bacon grillé et de mâche.

Nappez le tout d'un filet d'huile.

TOASTS DE CHÈVRE AU MIEL ET AU VINAIGRE

POUR 6 PERSONNES

400 g de chèvre frais Petit Billy®

2 bottes de ciboulette ciselée (ou coriandre, menthe…)

100 g de miel toutes fleurs

20 cl de vinaigre de vin

Sel et poivre du moulin

Dans un bol, mélangez le chèvre et la ciboulette.
Si la consistance est trop épaisse, ajoutez un peu de lait ou de crème liquide.

Salez et poivrez.

Répartissez le fromage dans des grands verres ou des bocaux.

Dans une casserole, faites chauffer le vinaigre de vin avec le miel, puis versez le tout sur le fromage, sans mélanger.

Décorez d'herbes et de fleurs.

Servez accompagné de crackers.

POT DE ROQUEFORT AUX ABRICOTS MOELLEUX ET AUX NOIX

POUR 4 PERSONNES

300 g de roquefort ou de bleu

100 g de beurre demi-sel, mou

50 g de cerneaux de noix concassés

100 g d'abricots moelleux ou de raisins ou de figues

Dans un bol ou un robot, écrasez le roquefort avec le beurre jusqu'à ce qu'il soit crémeux.

Ajoutez les fruits moelleux coupés en morceaux, ainsi que les noix.

Mettez le tout dans un pot hermétique.

Tartinez de belles tranches de pain !

LE BONUS DE SOPHIE

Vous pouvez remplacer le roquefort par du bleu, du stilton, de la fourme, du gorgonzola…
Vous pouvez aussi essayer l'association poulet, figues et roquefort : délicieux.

LE CONSEIL DE SOPHIE

Ce fromage peut se conserver d'une semaine à 2 mois au frigo.
Comme on débouche un grand vin, pensez à sortir le roquefort du frigo 1 heure avant de le servir.

BAGUETTE TOMATE MOZZARELLA

POUR 4 PERSONNES

1 baguette tradition

3 tomates grappes

250 g de mozzarella

2 cuillerées à soupe d'huile d'olive

Qs de feuilles d'origan ou de basilic

Sel et poivre du moulin

Préchauffez le four à 210 °C (th. 7).

Coupez en tranches les tomates et la mozzarella. Coupez en rondelles la baguette tout en la gardant entière. Posez le tout sur la plaque du four recouverte d'un tapis silicone.

Insérez entre chaque rondelle 1 tranche de tomate et 1 tranche de mozzarella.

Parsemez d'herbes et arrosez d'huile d'olive. Salez, poivrez et mettez au four pendant environ 10 minutes, jusqu'à ce que la mozzarella fonde.

Dégustez aussitôt accompagné d'une salade ou à l'apéritif.

LE CONSEIL DE SOPHIE

Si vous ne savez pas couper la mozzarella de façon régulière et nette, mettez-la 1 heure au congélateur après l'avoir égouttée, puis sortez-la et coupez-la en fines tranches. Laissez ensuite dégeler à température ambiante. Ce conseil est aussi valable pour réaliser de la mozzarella râpée.

Placez une pomme coupée en deux, un morceau de sucre, un morceau de pomme de terre ou une branche de céleri dans votre huche à pain. Cette astuce de grand-mère permet de ralentir l'assèchement du pain.

BATAVIA AU PARMESAN

POUR 6 PERSONNES

1 batavia lavée

1 cuillerée à soupe de persil haché

4 œufs entiers

100 g de parmesan

10 petits cornichons

1 cuillerée à soupe de câpres

1 cuillerée à café de moutarde

2 cuillerées à soupe de vinaigre de cidre

6 cuillerées à soupe d'huile d'olive

Sel et poivre du moulin

Coupez le parmesan en copeaux à l'aide d'un économe.

Faites cuire les œufs 9 minutes dans l'eau bouillante, plongez-les dans l'eau froide, puis écalez-les.

Dans un bol, mélangez la moutarde avec le vinaigre.

Ajoutez l'huile, les câpres et les cornichons coupés en rondelles. Salez et poivrez.

Dans un saladier, mélangez la salade, les œufs durs coupés en quatre, le parmesan et le persil.

Versez la sauce, mélangez, rectifiez l'assaisonnement si nécessaire et servez aussitôt.

SUCRÉ

TARTINES AUX FRAISES, FROMAGE FRAIS ET BALSAMIQUE

POUR 4 PERSONNES

4 tranches de pain de campagne grillées

250 g de fraises équeutées et coupées en deux

4 portions de fromage frais (St-Moret®, crème Philadelphia®, yaourt à la grecque...)

4 filets de réduction de crème balsamique

Une dizaine de feuilles de menthe ou basilic émincées

Fleur de sel et poivre du moulin (poivre de Timut ou du Sichuan)

Tartinez chaque tranche de pain de fromage frais, puis répartissez harmonieusement dessus les fraises.

Salez et poivrez légèrement.

Versez sur chaque tartine un filet de crème balsamique puis décorez de menthe.

Dégustez.

TARTINE DE CHAMALLOWS ET CRÈME DE MARRONS

POUR 4 PERSONNES

4 tranches de brioche

12 chamallows

1 boîte de crème de marrons vanillée de 250 g de Clément Faugier®

Préchauffez le four en position gril.

Tartinez les tranches de brioche de crème de marrons selon votre goût.

Déposez sur chaque tartine 3 chamallows.

Mettez le tout sous le gril environ 3 minutes jusqu'à ce que les chamallows soient fondus.

Dégustez aussitôt.

TARTINE DE PAIN D'ÉPICE AUX POMMES ET AU CARAMEL

POUR 4 PERSONNES

4 tranches de pain d'épice ou de brioche grillées

2 pommes golden ou reinette

20 g de beurre doux ou demi-sel

2 cuillerées à soupe de calvados (facultatif)

4 cuillerées à soupe de caramel au beurre salé

4 quenelles de glace vanille ou autre

Pelez et coupez les pommes en quartiers. Retirez le cœur.

Dans une poêle antiadhésive, mettez à cuire les quartiers de pomme dans le beurre fondu à feu moyen jusqu'à ce qu'ils soient dorés.

Dans une petite casserole, faites chauffer le calvados, puis flambez-le avec une allumette.

Versez-le sur les pommes et mélangez délicatement.

Répartissez les pommes sur chaque tartine. Arrosez-les avec le jus.

Nappez de caramel au beurre salé et ajoutez une quenelle de glace.

TARTINE DE PAIN PERDU AUX FRAISES

POUR 4 PERSONNES

4 tranches de brioche ou de pain de mie

500 g de fraises

2 œufs entiers

100 g de sucre roux

1 sachet de sucre vanillé

20 cl de lait demi-écrémé

10 cl de crème liquide entière ou allégée

30 g de beurre doux

De la confiture de fraises ou framboises

1 bombe à chantilly

Dans un saladier, mélangez les œufs avec le sucre roux.

Incorporez peu à peu le lait et la crème.

Lavez et équeutez les fraises, puis coupez-les en lamelles.

Trempez les tranches de brioche des deux côtés dans le mélange aux œufs, puis égouttez-les.

Dans une poêle antiadhésive, faites-les toaster dans le beurre à feu moyen tout en les saupoudrant de sucre vanillé, jusqu'à ce qu'elles soient dorées des deux côtés.

Tartinez les tranches de confiture, puis répartissez dessus les fraises.

Nappez de chantilly et dégustez aussitôt.

TARTINE AUX FRUITS ROUGES ET MASCARPONE

POUR 4 PERSONNES

4 petites brioches

50 g de mascarpone

2 cuillerées à soupe de sucre semoule

200 g de fruits rouges (au choix : fraises, framboises, cassis, groseilles, myrtilles)

Glace vanille pour servir

Lavez, puis séchez les fruits rouges (au besoin détaillez les fraises en dés, égrappez le cassis ou les groseilles).

Dans un bol, mélangez le sucre et le mascarpone.

Faites toaster les brioches coupées en deux au grille-pain, puis tartinez-les avec le mascarpone sucré. Recouvrez de fruits rouges.

Servez avec une boule de glace vanille.

CONFITURE QUATRE FRUITS ROUGES

POUR 1 POT DE 375 G

80 g de fraises

80 g de myrtilles

80 g de groseilles rouges ou à maquereau

80 g de framboises

160 g de sucre gélifiant

Le jus d'½ citron

Lavez, égouttez et équeutez les fraises.

Dans une passoire, rincez les myrtilles et les groseilles égrappées sous l'eau froide. Triez les framboises sans les laver.

Mettez tous les fruits dans un saladier. Ajoutez le jus de citron et le sucre, mélangez.

Couvrez d'un film alimentaire et laissez macérer au réfrigérateur pendant la nuit.

Le lendemain, ébouillantez le pot de confiture et son couvercle. Égouttez-les et retournez-les sur un torchon ou un papier essuie-tout.

Dans une sauteuse à revêtement antiadhésif, faites cuire la préparation sur feu vif pendant 6 minutes, en remuant souvent. 2 minutes avant la fin, écrasez la chair de fruits à l'aide d'une fourchette. Il n'est pas nécessaire d'écumer.

Immédiatement après la cuisson, remplissez le pot à ras bord.

Vissez fermement le couvercle et retournez le pot jusqu'à complet refroidissement.

LE CONSEIL DE SOPHIE

Vous pouvez remplacer les myrtilles par des cerises ou du cassis et les fraises par des fraises des bois.

LE BONUS DE SOPHIE

Dans le saladier, vous pouvez ajouter aux fruits au choix : 1 cuillerée à café de vanille en poudre, 1 gousse de vanille, 10 g d'amandes effilées, 1 feuille de laurier ou 5 feuilles de menthe.

CONFITURE DE LAIT AUX NOISETTES

POUR 1 POT DE 375 G

1 boîte de lait concentré sucré de 400 g

10 g de noisettes

Mettez la boîte de lait concentré fermée dans une grande casserole et recouvrez-la complètement d'eau bouillante.

Couvrez et laissez cuire pendant 2 heures à feu moyen.

Enlevez la boîte de l'eau et laissez-la tiédir.

Ébouillantez le pot de confiture et son couvercle.

Égouttez-les et retournez-les sur un torchon ou un papier essuie-tout.

Concassez les noisettes.

Ouvrez la boîte et, dans un bol, mélangez la confiture de lait avec les morceaux de noisettes.

Remplissez le pot à ras bord. Vissez fermement le couvercle et retournez le pot jusqu'à complet refroidissement.

LE CONSEIL DE SOPHIE

Vous pouvez remplacer les noisettes par du pralin.

Confiture de lait.

CONFITURE D'ORANGES AU CHOCOLAT

POUR 1 POT DE 375 G

250 g d'oranges entières (environ 3 oranges)

150 g de sucre gélifiant

20 g de chocolat noir

40 cl d'eau

Lavez les oranges. Coupez-les en fines tranches, en éliminant les pépins.

Placez-les dans une casserole, ajoutez l'eau.

Portez à ébullition, puis faites cuire pendant 20 minutes à feu doux. Versez dans un saladier et laissez refroidir.

Ajoutez le sucre et le chocolat cassé en morceaux. Mélangez.

Couvrez d'un film alimentaire et laissez macérer au réfrigérateur pendant la nuit.

Le lendemain, ébouillantez le pot de confiture et son couvercle.

Égouttez-les et retournez-les sur un torchon ou un papier essuie-tout.

Dans une sauteuse à revêtement antiadhésif, faites cuire la préparation sur feu vif pendant 8 minutes, en remuant souvent. Il n'est pas nécessaire d'écumer.

Immédiatement après la cuisson, remplissez le pot à ras bord.

Vissez fermement le couvercle et retournez le pot jusqu'à complet refroidissement.

LE CONSEIL DE SOPHIE

En fin de cuisson, vous pouvez ajouter 2 g d'orange confite coupée en morceaux.
Vous pouvez remplacer le chocolat noir par du chocolat au lait.

Orange
Chocolat

CONFITURE PÊCHE-BRUGNON

POUR 1 POT DE 375 G

150 g de chair de pêche jaune ou blanche (environ 2 pêches)

150 g de chair de brugnon ou de nectarine (environ 2 fruits)

150 g de sucre gélifiant

Le jus d'½ citron

Pelez les pêches et les brugnons. Dénoyautez-les et coupez-les en morceaux dans un saladier.

Ajoutez le jus de citron et le sucre. Mélangez.

Couvrez d'un film alimentaire et laissez macérer au réfrigérateur pendant la nuit.

Le lendemain, ébouillantez le pot de confiture et son couvercle.

Égouttez-les et retournez-les sur un torchon ou un papier essuie-tout.

Dans une sauteuse à revêtement antiadhésif, faites cuire la préparation sur feu vif pendant 8 minutes, en remuant souvent.

Deux minutes avant la fin, écrasez la chair des fruits à l'aide d'une fourchette. Il n'est pas nécessaire d'écumer.

Immédiatement après la cuisson, remplissez le pot à ras bord.

Vissez fermement le couvercle et retournez le pot jusqu'à complet refroidissement.

LE BONUS DE SOPHIE

Dans le saladier, vous pouvez ajouter aux pêches et aux brugnons au choix : 1 cuillerée à café de vanille en poudre, 1 gousse de vanille, 10 g d'amandes en poudre, 3 cl de vinaigre de cidre, de kirsch ou de vin rouge, 1 pincée de gingembre en poudre, ou ½ cuillerée à café de poivre du Sichuan en grains.

CONFITURE POMME-POIRE

POUR 1 POT DE 375 G

125 g de chair de pomme golden ou granny (environ 2 pommes)

125 g de poire Williams ou comice (environ 2 poires)

125 g de sucre gélifiant

Le jus d'½ citron

Pelez les pommes et les poires. Épépinez-les et coupez-les en dés. Versez-les dans un saladier.

Ajoutez le jus de citron et le sucre. Mélangez.

Couvrez d'un film alimentaire et laissez macérer au réfrigérateur pendant la nuit.

Le lendemain, ébouillantez le pot de confiture et son couvercle. Égouttez-les et retournez-les sur un torchon ou un papier essuie-tout.

Dans une sauteuse à revêtement antiadhésif, faites cuire la préparation sur feu vif pendant 7 minutes, en remuant souvent.

Deux minutes avant la fin, écrasez la chair des fruits à l'aide d'une fourchette. Il n'est pas nécessaire d'écumer.

Immédiatement après la cuisson, remplissez le pot à ras bord.

Vissez fermement le couvercle et retournez le pot jusqu'à complet refroidissement.

LE CONSEIL DE SOPHIE

Vous pouvez remplacer le jus de citron par celui d'½ orange.

LE BONUS DE SOPHIE

Dans le saladier, vous pouvez ajouter aux pommes et aux poires au choix : 2 cuillerées à café de vanille en poudre, 1 gousse de vanille, 2 pincées de cannelle, 1 pincée de gingembre en poudre, ou 2 cl de calvados.

SALADE D'ORANGES ORIENTALE

POUR 6 PERSONNES

10 oranges

2 cuillerées à soupe de menthe ciselée

2 cuillerées à soupe de miel liquide

½ cuillerée à café de cannelle en poudre

1 cuillerée à café d'eau de fleur d'oranger

Tout en recueillant le jus, pelez les oranges à vif en retirant la membrane blanche et les pépins.

Mettez-les dans un saladier avec leur jus.

Ajoutez les feuilles de menthe ciselées, le miel, la cannelle et l'eau de fleur d'oranger.

Couvrez et mettez au réfrigérateur pendant 1 heure.

WECK

SALADE DE MELON AU CITRON VERT

POUR 6 PERSONNES

2 melons Charentais ou de Cavaillon

Le jus de 3 citrons verts

30 g de sucre en poudre

½ cuillerée à café de grains de vanille en poudre

5 cuillerées à soupe de vin blanc sucré

Quelques feuilles de menthe

Coupez les melons en deux, retirez les graines, prélevez la pulpe et détaillez-la en morceaux.

Dans un saladier, mélangez la pulpe des melons avec le jus des citrons, le sucre et la vanille.

Mélangez et arrosez de vin blanc.

Couvrez et laissez mariner 1 heure au réfrigérateur.

Décorez de feuilles de menthe avant de servir.

SALADE DE PÊCHES À LA VANILLE

POUR 6 PERSONNES

6 pêches

Le jus de 1 orange

50 g de sucre en poudre

1 sachet de sucre vanillé

1 gousse de vanille

Pelez, dénoyautez et coupez les pêches en quartiers.

Dans un saladier, mettez-les avec le sucre, le sucre vanillé et le jus d'orange.

Fendez la gousse de vanille en deux dans la longueur et égrenez-la dans la salade.

Mélangez le tout.

Couvrez et mettez au frigo pendant au minimum 1 heure.

SALADE POMMES PASSION

POUR 6 À 8 PERSONNES

8 pommes de différentes variétés

3 fruits de la Passion

Le zeste et le jus de 1 citron

1 bouquet de menthe

Quelques tranches de carambole

150 g de sucre en poudre

50 cl d'eau

Dans une casserole, versez l'eau, le sucre, le zeste de citron et deux brins de menthe.

Portez à ébullition, puis laissez réduire à feu doux 10 minutes.

Lavez les pommes puis essuyez-les. Creusez des billes à l'aide d'une cuillère parisienne.

Mettez les billes au fur et à mesure dans un saladier en les arrosant du jus du citron.

Retirez la menthe du sirop, puis versez-le sur les pommes.

Coupez les fruits de la Passion en deux et videz-les sur les pommes.

Mélangez délicatement. Décorez de menthe ciselée et de tranches de carambole.

SALADE DE PAMPLEMOUSSES AUX PISTACHES

POUR 6 PERSONNES

3 pamplemousses roses

3 pamplemousses jaunes

3 cuillerées à soupe de sirop d'agave

3 cuillerées à soupe de pistaches vertes non salées

Pelez à vif les pamplemousses puis retirez les quartiers ou coupez de jolies tranches rondes.

Dans un plat, répartissez harmonieusement les pamplemousses puis nappez de sirop d'agave.

Décorez de pistaches.

Servez bien frais.

SALADE DE FRUITS ROUGES

POUR 6 PERSONNES

300 g de fraises

300 g de framboises

Le jus de 1 citron jaune

150 g de sucre en poudre

1 sachet de sucre vanillé

5 cl de sauternes ou de champagne (facultatif)

1 tour de moulin à poivre de Sarawak (facultatif)

Lavez les fraises, équeutez-les et coupez-les en quatre.

Dans un saladier, mettez les fraises et les framboises.

Versez le jus de citron.

Ajoutez le sucre, le sucre vanillé, le poivre et le sauternes ou le champagne.

Mélangez, couvrez et mettez au frigo pendant 1 heure.

ANNEXES

TABLE DES RECETTES

RECETTES DE BASE

APÉRO/ENTRÉE

VEGGIE

VIANDE

POISSON/CRUSTACÉ

SUPER COMPLÈTES

FROMAGE

SUCRÉ

LES RECETTES DE A À Z

INDEX DES INGRÉDIENTS

REMERCIEMENTS

Parce qu'un livre ne s'écrit pas seul, je voudrais remercier toutes les personnes qui ont contribué à faire qu'il existe. Cela est avant tout une aventure humaine.

Merci à mon éditeur La Martinière et, tout particulièrement, merci à Agathe, Laure et Séverin pour leur confiance et leur beau travail réalisé avec l'ensemble de la team la plus parfaite et investie qui soit !

À Rina, être photographe est un tout ; il faut savoir capter le plus beau et le plus naturel des moments. Tu es une photographe talentueuse. Je suis à chaque fois admirative devant tes photos, tes retouches et ton travail !

À Virginie, ton énergie inépuisable est contagieuse. Il est toujours passionnant de te voir œuvrer. En tant que styliste culinaire, tu as su retranscrire avec modernité mes recettes. Ton approche originale et naturelle a vraiment mis en valeur chaque plat comme il le mérite !

Bien sûr, le dernier remerciement revient une fois de plus à mes amis, ma famille et à vous mes fans qui me soutiennent depuis toutes ces années. I LOVE YOU !

Sophie

Arriver le matin au studio avec des idées plein la tête et la joie au ventre de commencer un projet avec un auteur que l'on aime.

S'inventer des histoires pour mettre en scène des recettes délicieuses.

Combiner, destructurer, bousculer parfois ses habitudes, se laisser guider par son instinct, trouver ça joli ou alors complètement à côté de la plaque.

Chercher sans cesse une nouvelle façon de voir.

Arrêter de se prendre la tête et s'arrêter tout court, pour éclater de rire aux blagues de l'une ou de l'autre…

Merci à notre chère Sophie pour avoir rendu possible tous ces beaux moments, aussi joyeux qu'intenses.

Merci à notre chère Agathe pour sa gentillesse, son humour, son accompagnement, et sa confiance.

Virginie, styliste
et Rina, photographe

Merci au magasin Truffaut pour ses herbes aromatiques poétiques et photogéniques.

Virginie, styliste

Pour toutes vos questions ou demandes,
vous pouvez joindre Sophie directement sur les réseaux sociaux :
facebook @sophiedudemaine
et sur instagram @sacrecake

Département éditorial Art de vie

Responsable éditoriale : Laure Aline
Éditrice : Agathe Masson
Fabricante : Nathalie Voyer

Conception graphique : Marie Vendittelli
Réalisation graphique : Capucine Deslouis
Correction : Sylvie Kempler

Connectez-vous sur editionsdelamartiniere.fr
Facebook : @lamartiniere.cuisine
Instagram : @lamartiniere.cuisine

ISBN : 978-2-7324-8197-5

Photogravure : IGS
Achevé d'imprimer en avril 2020
sur les presses de Printer Portuguesa
Dépôt légal : mai 2020
Imprimé au Portugal